超级用户增长

低成本实现私域用户持续复购

晏涛 著

中国友谊出版公司

目 录

上篇：私域流量的兴起

中篇：从公域到私域的运营五步法则

序一

私域流量：营销进化之路上的关键

晏涛的新书《超级用户增长：低成本实现私域用户持续复购》即将付梓，可喜可贺。

晏涛嘱我为他的新书写序，我答应了，但马上又后悔了。

答应，是因为我一直很看好这个帅小伙。他勤奋、聪明、上进，专注网络营销，而且操盘、培训、咨询、写书样样都能来，很像年轻时的我。

后悔，是因为一看到这个书名，我的头就大了。我曾下决心读完某国内"新营销"专家写的书。拿起，放下；放下，拿起，最后还是放弃了。书里自创的新词太多，多到我明明知道这些词，但就是读不懂他在说什么。

我极其郁闷地和一位同行谈起这件事，得到的回应却是一通嘲笑："你大概忘了，最初做营销咨询时，你不也是满口新词吗？世道好轮回，业力不失，报应。"

好吧，那我就先硬着头皮解读一下。这有点像迂腐的老学究，非要将白话译回文言文，心里才踏实。

"私域流量"，大概是个人可以直接链接的用户。朋友圈里的好友、微信群里的成员、公众号的订阅读者、视频网站里的会员、微店里的熟客……诸如此类。打个比方来说，就是企业鱼缸里的"鱼"。

"鱼"越多越好，但是需要从鱼塘里悄悄地转移。鱼塘就是"公域"，"公域"就是公共流量平台。"转移"就是从"公域"里"获客"，准确地说，是获取准客户、潜在客户（客户，互联网企业多称"用户"。客户是买单的，用户不一定买单；客户在意价格，用户要求方便。既然讲营销，我还是用回客户的概念）。

然后，把潜在客户转化成客户，将客户变成重复购买者、升级购买者（消费更贵的产品）、系统购买者（购买信赖品牌旗下的各类产品），如果你的产品让客户足够满意，加上你对客户足够好，那么，客户就形成了品牌忠诚（认准了，就买你）。如果这个客户的消费能力强，消费数量多，大概就可以被称为“超级用户”。如果你始终没有让客户失望，他就会自愿向别人推荐你的产品和你本人（或者企业），超级用户就升级为超级合伙用户了。

如果我以上的理解没有大错，那么，这就是传统营销玩得很溜的“顾客关系管理”，也是晏涛讲的私域流量的核心。

现在，我们再来看营销。

营销是什么？买卖。

买就是市场，卖就是营销者。买卖就是做生意。生意的本质是什么？交换。做成生意赚到钱的关键是什么？建立信任。没有信任，就没有买卖。这是犹太人的信仰。

银行卖的是信任，信托就不必说了；房子、车子卖的是信任，保险、保健卖的也是信任。

品牌要解决什么问题？还是信任。现代品牌的诞生，就是源于“把货卖给陌生人”。乡里乡亲、隔壁邻居，彼此熟悉，买卖全凭口碑，不需要现代意义上的所谓品牌。由家庭作坊过渡到工厂生产，必然带来三个方面的变化：

1. 企业内部出现专门的销售组织；
2. 管理的半径扩大至销售的神经末梢（深度分销可谓典型）；
3. 伴随着产品远征，用品牌建立起与陌生人的信任。

因为信任，所以交换。

产品价值、价格、质量、服务，所有的一切，离开了信任都是子虚乌有。现在网上直销的大户，都会在诉求中表明这些要素：源头直供、经营世家、批发价格、可换可退，然后加上一句，“敢在全网做广告的一定不会卖假货”。因为一旦消费者大量退货或投诉，满盘皆输，得不偿失。营销从头到尾就是解决信任问题。

信任不是伦理，而是关系。网购也好，微店也罢，真正让营销者纠结的是“基于关系的生意”怎么做。

熟人生意容易做，因为有信任；熟人的生意做不大，因为人数不够多；熟人的生意有风险，因为熟人想法多、要求高，而且一旦翻脸，就会在熟人圈里毁掉你。朋友有风险，买卖需谨慎。

陌生人的生意，做得大，因为基数庞大，喊价自由；陌生人的生意难做，因为建立信任不容易。

也许，世界上最好做的生意，就是基于半生不熟关系的生意。想想家门口小饭店的老板，他和你熟不熟？说熟，你不至于幻想去那里白吃白喝吧？说不熟，他会给你预留好的食材；宴请朋友时，他会来递烟敬酒，还主动送你一盘时令蔬菜。这是最美妙的生意关系：一回生二回熟，基于生意，友善相待。所谓私域买卖，不就是要达成这样的效果吗？

从“地摊经济”到“私域营销”，一个很传统，一个很时尚；一个保障基本的生活，一个怀揣“做大做强”的梦想。两者的差异在于“链接方式”。这是由互联网技术决定的。微信、微博、抖音、快手这些互联网工具，扩大了每个人的社交半径，打破了人际交往在空间、时间和数量上的限制。

其实，早在20世纪末，我们和美国营销专家讨论最多的就是“新营销”。当时，我有幸和美国西北大学唐·E. 舒尔茨教授成为合作伙伴。这位整合营销传播之父反复告诉我：互联网、移动通信、线上支付，三大技术改变营销。当时听着像未来学，现在一切都已成为现实。

新营销，旧营销，都是营销。

营销的本质不会变，买卖就是买卖。买卖是基于人性的博弈。洞察人性，赢得人心，是营销所要做的一切。这一点，新营销、旧营销都一样。传统营销在这方面有很丰富的积累，并应用于消费者洞察、产品设计开发、销售说辞、环境营造、感觉性价比规划、销售促进和品牌建设等各个环节，值得新营销践行者、研究者好好学习和传承。

反过来，基于网络技术的新营销又为经典营销学提供了新的观察。比如，大数据用消费行为替代了传统的态度分析，更直接、更精准。再比如，网络文化以反向进化的方式，深度诱惑和迎合消费者，类似图片比文字好用、短文比长文好读、动态比静态好玩、故事比说明强大，等等。

技术会带来营销方式的改变。小技术带来改变。技术革命带来的，是翻天覆地的改变。“顺我者昌，逆我者亡。”

技术老，才是真的老。谁开始拒绝新技术，谁就正式认老服输了。

因此，我曾向养老机构建议，老年人的培训应该从“掌握新技术”开始，而不是直奔琴棋书画。学会PS比掌握摄影技术强；利用GPS和Airbnb奔远方，比逛公园遛鸟强。因为前者的诉求是“你还年轻”，后者的暗示是“你真的老了”。记得有人说过：老与不老，不在年龄，而在于是否可以自由行动。我强烈认同。

养老尚如此，何况营销乎？这大概就是我愿意向“晏涛们”学习的理由。

技术带来改变。这种改变是全方位的，比如，主打产品现在叫“爆款”，市场人员叫“小编”，市场部的功能更接近“编辑部”，渠道是“公域+私域”……不过，其中最大的改变，应该是营销人的角色与能力结构。

前面说过，生意的核心是“信任”。

互联网营销有一个新词，叫“信任代理”，典型的就是网红带货。1分钟卖出1.4万支口红的李佳琦，可算是一个代表人物。他以自己的专业“代理”了消费者对产品的信任。这比传统的形象代言人，更直接，更具渗透力。

老板们恨不得个个成为李佳琦，或者旗下有个（最好有若干个）李佳琦。李佳琦是谁？是“行业（产品）专家+顶级销售+明星演员”。这容易吗？太难了。最近网红营销的效能递减，连“大咖”带货都败走麦城，那么，靠颜值出街，又唱又跳的小姐姐、小鲜肉们还能不醒醒吗？

业余与专业的距离，看起来没那么大，实际上却是地球到火星的距离。营销就是施加影响力，然而，如何施加精准、有效的影响力，却是营销学的精深议题。它既要做到短兵相接的刺刀见红，又要照顾到惠及久远的良善关系。

营销是一个系统。产品提供价值，服务提供便利，品牌建立和保障与客户的关系。不但一个不能少，而且还要融合共生，不着痕迹。

可以想见，未来的营销就是一场盛大的演出。这场演出将由三种人组成：技术达人、产品狂人、明星艺人。如果你够天才，那么就将集这三个角色于一身；如果你想扬长避短，那么就去搞组合出演。所谓老板，就是这个剧团的经理。传统上，一个剧团的老板，通常就是这个剧团最大的角儿。企业转型也好，营销创新也罢，在未来相当长的一个阶段内，经营组织就是这种模式的翻版和放大。

企业主、营销人、咨询机构，你们真的准备好了吗？

晏涛这本新书，分上、中、下三篇，从私域流量讲到运营法则，再到超级用户。其内容涉及了网络营销的方方面面，晏涛所做的努力，正是试图构建这样一个新营销的体系，编写这样一个演出剧本。这本书值得我们认真一读。

我一直都管晏涛叫“三寿”，甚至不知道他的真名叫晏涛。营销本是江湖，江湖流行称号。比如，三寿的师傅就是大名鼎鼎的“鬼脚七”，江湖人称“七哥”。

我们的认识，正是因为“七哥”。几年前，我应邀为浙江电商演讲。有人悄悄告诉我：“老师，你的面儿真大，今天连‘七哥’都亲自来了。”当时，我不知道“七哥”是何方神圣，感觉像是江湖大侠潜伏于擂台之侧，稍有不慎，就要上来踢场子，有点害怕。演讲结束，主办者组局吃晚餐，“七哥”就坐在我边上，这位前阿里系高管，现自媒体“大咖”，面目和善，行事低调，言辞谦逊，表情甚至有点羞怯。身边有个眉清目秀的年轻人不离左右，像是他的助理。“七哥”介绍说，他叫“三寿”。

没想到，我当天的演讲被整理成文章上传了。不到24小时，阅读量就达到数万。文章的整理人和发布者，居然就是“鬼脚七”本尊，他在文章中特意声明：此文未经演讲人审阅，如有谬误之处，都是本人之过。这使我感受到了来自电商“江湖大哥”的满满善意，同时也领略了自媒体“大咖”的巨大能量。

后来，“三寿”登门拜访，说是来请教营销与品牌问题的。开始以为这是客套，直到他将谈话内容密密麻麻地写在了笔记本上，我这才确定：他是认真的。再后来，我们联手开课，我讲品牌营销策划，他讲新营销，居然没有任何违和感。

记得当时的推文说，“营销老炮”，不服来战。当然，这是营销宣传的用语。近期，“后浪”一词很流行。其实，三寿就是我的后浪。只是他无意将我拍死于沙滩，而是推着“前浪” 一起向前。

晏涛真的很认真，一面不设限地汲取传统营销的精髓，一面放开手脚，大胆地践行互联网背景下的新营销。现在他的新书出版了，尽管书名让我有些头痛，但我再一次确认，他讲的是营销——以一个“营销老炮”的名义。

2020年8月15日 于多伦多
孔繁任

序二

拥抱全新的私域营销时代

2019年9月，晏涛参加我与无印良品前会长忠三先生共同举办的松崔私塾项目。在东京学习的夜晚，几个同学在我的房间交流当下企业营销的困惑与机会，晏涛也在其中。我请他用一个小时分享一些他参与的私域流量实战案例。晏涛讲到在近乎零成本的投入下，打通私域流量，激活已有用户和会员体系，通过很少的用户实现超常营销收益的范例，让大家兴奋不已，仿佛打开了一个全新的营销时空。

在本应讨论无印良品、优衣库、7-11这些日本公司如何利用90年代的商业契机崛起并成为行业领袖的学习之夜，一个中国当下的热门——私域流量营销成了焦点话题。这无疑是一个鲜明对比，也激发我再次从全新的视角思考今日中国营销之变。

我与晏涛相识于10年前，彼时BAT格局初定，新浪微博正在国内兴起，微信尚未壮大。那是一个对社会化营销无比狂热的时代，也是中国企业真正思考与讨论社会化媒体的狂热时代，晏涛以“三寿”作为笔名，笔耕不辍，撰写了大量关于互联网营销和社会化营销的文章，获得了广泛关注。我是他的忠实读者，几乎阅读了他的每一篇文章，备受启发。之后他一直在移动互联网一线，保持着勤奋的学习、观察与新营销实践。本书的出版绝非偶然，它是晏涛对社会化营销、私域流量的长期研究和关注，以及在数字营销、用户研究、新流量这些领域中多年沉淀和实践后写出的一部集大成之作。

“私域流量”可谓是最近几年整个中国数字营销领域最热门的话题和概念之一。事实上，“私域流量”的思维并不是新鲜事物。那些传统营销时代的航空业会员忠诚度计划、联盟营销、银行业的信用卡营销，以及包括Costco（好市多）在内的会员制连锁超市，都是过去企业在线下“私域流量”中的成功范例。

“流量”是伴随着整个中国互联网时代的专属技术词语，如果说在互联网时代之前“得渠道者得天下”，那么在互联网时代就是“得流量者得天下”，然而流量来得快、去得快，高效获取并运营流量就成了互联网营销的关键技术。

在移动互联网高速增长的时代，大量新增用户涌入，流量获取成本偏低，大量的互联网公司凭借早入局的流量红利以及经营流量的能力，获得了高速增长。这个时期的增长大部分都来自公域流量。在2013年前后，阿里巴巴率先提出了“O2O”，开始探索线上流量与线下服务结合，这是流量营销的第一个显著分野。2016年前后，基于互联网用户增长变慢、传统流量获取成本上升等背景，营销界开始思考如何更高效地运营流量，于是有了将流量区分为公域和私域的明确说法。这是流量营销的第二次思维变革。

在我看来，“私域流量”的概念来源，大致可以关联三个关键词：范围经济、会员制、增长黑客。

范围经济的崛起

经济学领域对经济范式有两个常识性的定义：规模经济和范围经济。

规模经济理论是经济学的基本理论，简而言之，是通过扩大生产规模，从而提高经济效益的范式。从经济学史的角度看，亚当·斯密是规模经济理论的创始人。《国富论》出版于1776年，它是世界经济史上的革命之作。在工业经济时代，世界主流的大公司成长模型皆源于此——将产品生产规模化、降低成本，并销售给尽可能多的购买者。

范围经济则是20世纪80年代发展起来的另一个经济范式。简而言之，它是指向一部分人兜售更多的商品和服务。这种模式的本质是垂直服务于某一类顾客，在互联网经济之前，它一直被用于解释一些中小型企业的发展模型，譬如服务高端用户的五星级酒店等。范围经济的极致应用就是美国的Costco。它聚焦于少量顾客，提供精选商品。这种模式在线下零售业获得了巨大的成功。

在移动互联网成就用户的大链接时代下，我们看到了一种新可能：聚焦用户的平台规模经济在大范围崛起。我把这种规模经济称为“基于用户的范围规模经济”。中国的很多互联网公司，在用户数量倍增的前提下，形成了几乎无所不包的业务聚合，编织出一张巨大的生态经济网络。阿里巴巴、腾讯、美团等公司的成功皆源于此。从此，以流量获取规模并深耕用户，成了商业成功的不二法则。

会员经济

与范围经济出现时间相近，在20世纪70—80年代，美国的零售业开启了一个全新的商业模式探索——会员制连锁超市。1976年，Price Club在美国加州圣迭戈成立；1983年，Costco在华盛顿州西雅图成立。两家公司于1993年合并，并在1998 年 7 月正式更名为Costco股份有限公司（Costco Wholesale）。如今，Costco已成为全世界销售量最大的连锁会员制仓储批发卖场。Costco的核心理念为：聚焦用户（会员），持续提供高价值、低价格产品，确保物有所值。这与沃尔玛等提供一站式全人群无门槛的零售业态形成了强烈的对比。正是这种范围经济范式，使Costco在互联网对实体零售形成巨大冲击的今天，依然能够保持高速增长。

增长黑客

增长黑客（growth hacking）是互联网时代原生的数字营销方法论，其方法论框架是互联网的AARRR用户增长模型(即acquisition、activation、retention、referral、revenue)。AARRR模型是一个从用户获取、激活、留存、自传播再到收入的自上而下的漏斗模型。

增长黑客是以用户增长作为核心目标的思维模型和方法论，这一切的背后都是围绕流量运营展开的。

从战术层面看，私域流量的核心是一种用户运营和增长手段，从向外（公域流量）获取到向内（私域用户）营销的改变。从战略层面看，它则是范围经济、会员经济和增长黑客三个方法论的整合与新运用。

从私域流量出现到今天，不过几年时间。但在大量私域流量相关的书籍中，迄今为止还没有一本权威著作可以全方位地指导我们如何运营私域流量，因为它随时都在变化和发展。晏涛的这本新作，与同类书最大的区别在于它不局限于私域流量，而是触及了私域流量经营终极目的——发展超级用户。“得用户者得天下”，这才是我们运营“私域流量”的目标和本质所在。事实上，我已将本书的核心思想用于指导正见品牌顾问的诸多客户，并获得了积极的正向回馈。

对于私域流量，每个人都还是探索者。但凡新生事物，总是充满质疑和争议，但是总有人可以运用新生思维获得成功。

关于私域流量，如果你只想读一本书的话，这本书应该是理想的案头书。

崔洪波

上海正见品牌管理顾问有限公司 创始人兼首席执行官

2020年8月23日夜

前言

私域流量就是经营用户关系

从2016年开始，“私域流量”这个词就一直处在大众的话题中心，热度只增不减。到今天，大到沃尔玛、百果园，小到街边的水果店，大家或多或少都懂得要把用户沉淀在自己的“私域流量池”，比如微信群、个人微信号、淘宝群等。

私域流量的原理似乎很简单，但几年过去了，许多企业投入了很多成本，但最终真正获得明显收益的企业却少之又少。为什么？

我想原因大抵是，很多企业只是把私域流量池作为一个新的打广告、赚快钱的地方，而并没想通过私域流量池为用户创造更多的价值。对他们来说，私域流量只是一次快速变现的风口。秉持这种心态的企业，往往只能获得短期利益，而将错失巨大的机遇。

私域流量的本质是经营用户，是更好地进行客户关系管理。而建立客户关系，积累信任，又是一切成交的前提。私域流量池中包含社交关系，让企业触达用户更方便，这也是私域流量被追捧的原因之一。

但将用户从公域吸引到私域只是经营用户的第一步，企业在完成了用户的初步筛选和锁定后，更重要的是要利用私域流量池的优势，不断创造用户信任，引导复购，然后培养出企业的超级用户。他们是企业的重度用户，有着明确的持续消费意愿，能带来更大的价值。

然后，企业要从超级用户中发掘超级合伙用户，他们是一批非常认可品牌和产品，愿意持续消费，还愿意帮助企业分享和推广品牌，获得精神荣誉或物质收益的人，相当于企业的超级销售员。

在市场竞争环境剧变的形势下，一个企业只有真正拥有了自己的超级用户、超级合伙用户，才能具有强大的生命力和抗风险能力，成为像星巴克、无印良品、沃尔玛这样的超级品牌。

从公域流量到私域流量，再到超级用户，直至最后成为超级品牌，这是一个不断挖掘客户终身价值的商业闭环，也是一个企业从产品竞争到用户竞争，最后到品牌竞争的三级飞跃。

所以说，私域流量不是风口，相反，建立私域流量池，掌握私域思维，可谓是当下以及未来每个企业的必经之路，也是企业进入新一轮竞争的起点。

正是基于这个逻辑，我将这本书划分为上、中、下三个部分：

上篇主要讲述私域流量兴起的背景与企业布局私域流量前的必要准备。

中篇集中讲解私域流量运营的五步法则，它对应着从公域到私域的用户经营环节。具体包括从建立品牌IP，即IP化，创造人格化角色，拉近跟用户的关系；再到连接用户，通过设计长期价值和短期利益，最大化地吸引有效用户；然后进入促活流程，通过各种促活方式保持私域用户的活跃度、记忆度，强化信任关系；再通过分层，建立精准的用户标签，实现精准营销和关怀，降低骚扰，提升用户体验；最后进入复购成交环节，借助各种场景和方式将前面的运营动作变现。

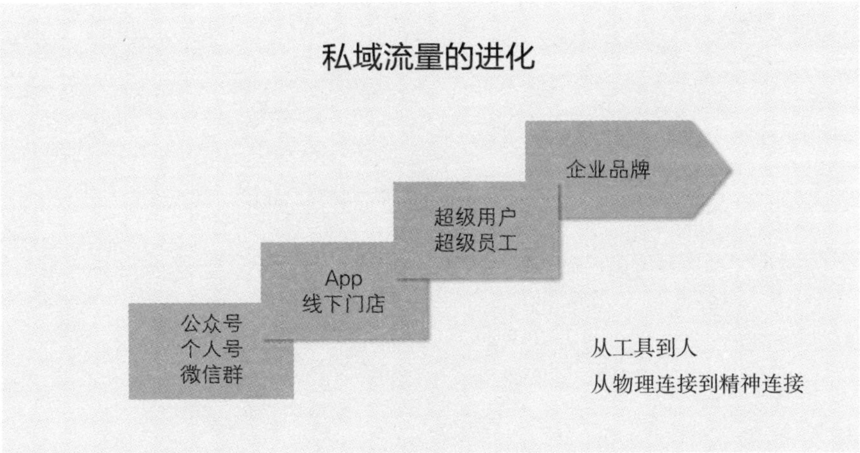

图 1　私域流量的进化

下篇重点阐述打造超级用户的运营方法论，对应着从私域到超级用户的用户经营环节。具体包括如何从现有的私域流量池中找到潜在的超级用户，然后通过一系列培养的举措刺激普通用户和潜在超级用户向超级用户转化，如何借助最直接、有效的付费会员制和合理的会员权益设计筛选出超级用户，最后通过一些持续推进的运营和维护手段巩固超级用户，并且让他们带来新的用户。

私域流量只是一个开始，从公域到私域，从私域到超级用户，从超级用户到超级品牌，既是一个动态变化、层层推进的过程，也是一个企业不断发展、成熟的过程。

我们要始终相信，是用户在成就企业，是超级用户成就了超级品牌。品牌是用户跟企业的一切信任关系的总和。超级品牌就意味用户对企业的超级信任，同样也意味着企业对用户的超级价值和承诺。

但企业要想打造品牌并不容易，这是另一个更深的话题，我计划以后用另一本书来专门讲述，作为这本书的延续和升华。

希望大家能够先通过这本书做好私域流量，培养出超级用户，打好基础。只有根深，才能叶茂。

上篇
私域流量的兴起

第一章　私域流量是未来企业发展的必经之路

中国流量红利的消失：三个数据读懂市场现状

移动互联网用户数

2019年7月，Quest Mobile（北京贵士信息科技有限公司）发布了《中国移动互联网2019半年大报告》。报告指出，移动互联网用户同比增长从2018年到2019年第二季度，已经从6.2%下滑到2.8%。2019年第二季度中国移动互联网用户净减约200万，这是移动互联网用户月活首次出现了负增长。此外，从2018年12月到2019年3月，用户时长增速也从22.6%降至11.8%；到2019年6月，增速已经滑到了6%。

无论是用户规模，还是用户活跃时长，都意味着移动互联网的流量红利到顶了。所以，Quest Mobile报告出来以后，互联网行业一片悲观。可这一切是偶然发生的吗？

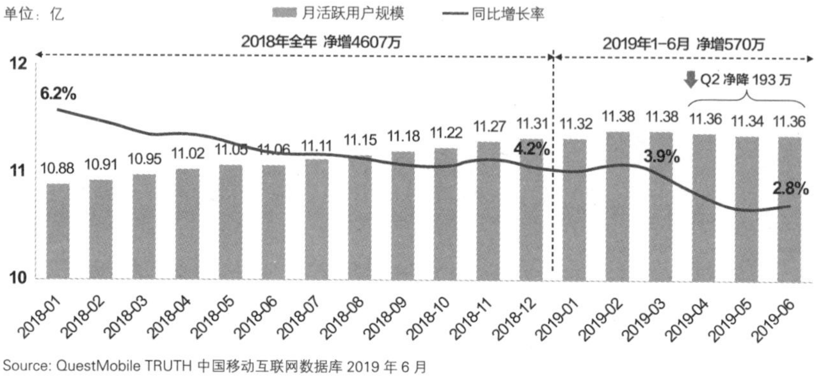

注：来自 Quest Mobile《中国移动互联网 2019 半年大报告》

图 1-1 中国移动互联网月活跃用户规模发展趋势

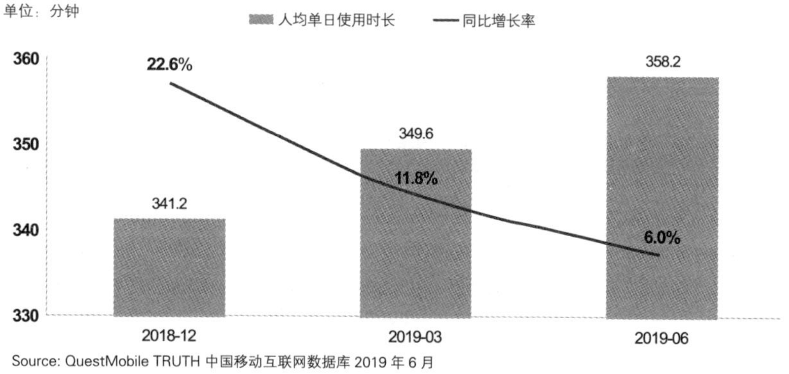

注：来自 Quest Mobile《中国移动互联网 2019 半年大报告》

图 1-2 中国移动互联网用户月人均单日使用时长

事实是，负增长迟早会到来，它是一个必然的结果。只是我们很多人没有在意，忽略了这一趋势。图1–3源自互联网行业分析专家玛丽·米克尔（Mary Meeker）的《2019年互联网趋势报告》。从图中可以清晰地看到，在2009年的时候移动互联网用户的增长率高达80%，而2011年就跌至20%，可以说是悬崖式下跌。再往后便是每年稳定下降，仿佛一个漂亮、平滑的滑梯。再到如今，中国的网民数量已超10亿，几乎达到中国人口总数，流量增长空间几乎触顶，十几年的高速增长已然结束。可是有多少企业会关注到这一趋势变化呢？

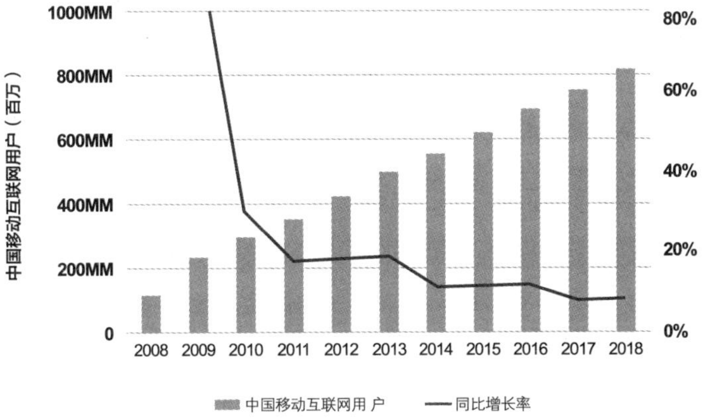

注：来自《2019 年互联网趋势报告》，其中数据由高瓴资本集团提供。

图 1–3　中国移动互联网用户规模及年增长率

企业如果能在2018年甚至更早就注意到这个趋势，或许对2019年6月的负增长就不会惊讶，并能提前做好防范。遗憾的是，大多数人都只顾眼前利益，很少注意行业、宏观的数据变化。最后当结果出现时，人们总是一片愕然，显得慌乱、不知所措。但其实大多数的偶然都是必然，比如流量红利的结束。

什么是红利？究其根本，不过是一个时间窗口。“吃到红利”无非是当变化即将发生时，我们能比别人早预见、早准备，从而抢得先机。但是红利期一定会结束，会随着知道、进入的人越来越多而结束。红利就像风一样，迟早会停下，我们需要在风中长出翅膀，才能一直保持领先。

企业需要有预测红利期到来的能力，但不能只想着追逐红利，不能指望靠机会主义获得成功，而是要坚持长期主义，提升自己的能力。

网络零售市场规模增长率

前文中，我们看到移动互联网用户的增长率越来越低，2019年第二季度甚至出现了负增长。而当移动用户总数增长放缓，相对应的网络零售市场规模增长也会放缓，毕竟市场需求即市场规模，它跟人密切相关。

从2012年到2019年，8年时间内中国网上零售市场规模的整体增长率从58.9%跌到14.4%，相当于8年前的1/4。当整体市场的增长越来越缓慢，停滞甚至负增长早晚会出现。不论如何突破，如果继续在原有模式和市场里厮杀，结果通常是双输。但事实上，当市场规模增长率出现下跌趋势时，很多企业并未给予足够重视。

今天回头来看，那些曾经的淘宝大品牌是非常明智和有魄力的，比如茵曼和三只松鼠。这两家品牌很早就尝试线下开店，那个时候还未出现“新零售”的口号，人们把这种转向叫作O2O（online to offline，线上到线下）。很多人觉得他们瞎折腾，明明线上发展挺好的，非得

注：来自《2017—2019 年中国网上零售市场规模预测》，由易观智库提供。

图 1-4　2017—2019 年中国网上零售市场发展趋势预测

到不熟悉的线下抢市场，还烧钱不讨好。

放到今天再看，他们的决定恐怕是有先见之明的。从前述的网络零售市场的增长数据来看，零售企业必须跳出线上，寻求突破。所以，后来阿里巴巴也开始重视线下，京东也开了线下店。如今像年糕妈妈、完美日记、一条这些成名于线上的品牌或平台都纷纷扎根线下，他们应该都看到了同样的趋势。

通过这些数据和例子，我们应该能更直观和深刻地感受到，流量红利将不复存在，竞争会更加激烈，拓展新客必定要付出比以往更大的营销成本。

成倍上涨的获客成本

激烈的市场竞争，僧多粥少的现实情况，使得企业即使拥有数亿的营收，最终也可能是亏损的——因为获客成本太高，侵蚀了企业的利润。

2019年“618”大促前夕，由新京报的官方自媒体发布的一篇名为《电商获客新变局：成本3年增10倍，博弈拼购与新零售》的文章指出，2018年，京东获客成本达到1503元，2016年这一数字为142元。相比之下，阿里巴巴2018年的获客成本为390元，尽管比两年前的526元有所下降，但也高出2015年的166元两倍多。而最为惊人的是拼多多，它在2017年获客成本仅为7元，而2019年第一季度竟然高达197.15元。两年时间翻了20多倍，这实在是让人难以想象。

移动互联网用户总量几乎无增长，网络零售市场增量放缓，但是竞争越来越激烈，用户可选择的越来越多，自然每家都要付出更高的费用争夺用户，获客成本就这样被拉高了。

为什么拼多多的获客成本两年就涨了20倍？这说明红利期越来越短，当企业发现某种新的低成本获客的方式，马上就会有竞争对手跟进，获客成本很快上涨。于是我们看到继拼多多之后，阿里巴巴很快推出了淘宝特价，重启聚划算，京东也迅速推出拼团，整个行业立刻进入厮杀。

如果说零售类企业获客成本涨到几十元或100元已经很高了，事实上还有一些行业的获客成本更加惊人。

一位投资人朋友曾给我打电话，说他们投资的一家在线保险行业的公司，在2018年上半年平均获取一个客户的成本是600元，当时觉得也不低了。而2019年上半年的获客成本平均达到了3000元。这是什么概念？1年涨了5倍。毫无疑问，他们要继续抢占市场，就意味着还要数以亿计的营销投入，这钱烧得实在厉害。

获客成本的上涨不仅会增加企业的营销成本，还会降低企业利润，甚至会影响投资。事实就是如此。我常常问企业界的朋友们，你们觉得获客成本会降下来吗？答案几乎都是一致的——不可能。

但企业必须赢利，没有利润就无法生存，不能发展。商业的生存法则就是：**当客户获取成本长时间高于客户终身价值，企业将无利可图，不能持续**。

至此，我们通过移动互联网用户数、网络零售市场规模和获客成本三个数据维度，直观地理解了什么是流量红利的结束，以及为什么当下企业感觉增长越来越难，利润越来越少。看清这些趋势，企业才能做出正确的决策，保持长期的发展。

企业市场竞争环境的剧变

无论是过去还是现在，如果不是因为市场的竞争，没有哪家企业愿意主动改变。反过来说，今天流量红利的消失，让原本安于现状的企业开始意识到赚钱变得艰难，感受到了危机。市场变得充满了激烈竞争，倒逼企业做出改变。

从增量到存量市场的竞争

从2018年开始，存量市场和增量市场的概念就开始出现在很多报告中，成为行业专家谈论的热词。如今，在百度搜索“存量市场和增量市场”，会得到约2240万条搜索结果。

什么是增量市场？它是指潜在的、还没被竞争对手教育和抢占的市场，也可以说是空白市场。而存量市场，是已经被看见、被教育、被开发的市场，它的出现经历了一段“从有到优”的过程。

毫无疑问，在增量市场中企业需要花费的营销成本更小，维护用户也更轻松一些。而在存量市场，企业要从竞争对手抢用户，需要提供更低的价格或更好的产品和服务，同时要增加对老用户的维护成本。这些都在增加企业的经营成本。

增量市场具有卖方市场的部分特点。在增量市场中，企业会有天然的优越心态，认为自己只需要做好产品，保证价格，然后抢占好渠道，搞定广告资源，就能把产品卖出去，销售额就能提高。所以，企业重视的是渠道拓展、销售能力和产品价格优势。

但是，流量红利结束，增量市场、空白市场越来越小，用户都或多或少地用过与自家产品类似的产品。这时，买方市场的特点逐渐显现，用户有丰富的产品可以选择，有线上、线下、国内、国外各种渠道选择购买。所以，过去企业的渠道和销售优势慢慢削弱了，企业除了做好上述的工作外，还必须直面用户，提供更好的产品、服务、体验和关怀。

企业在增量和存量两种不同的环境中，所需要的能力是不同的。如今，一些企业觉得生意越来越难做，甚至被市场抛弃，本质上是不具备在存量市场竞争环境下所需要的核心能力。这种能力就是**消费者运营的能力**。

从流量运营到消费者运营

在2018年由贝恩公司和天猫联合发布的《新零售下品牌消费者为中心的数字化转型报告》明确指出：以大数据、云计算、物联网、人工智能等新技术所推动的数字化转型正迅速地改变我们所处的时代。其巨大的影响力已经从量变到质变，对消费者行为、外部商业环境，以及企业自身的运作模式产生了革命性的影响。“数字化”已经不仅仅是营销、IT或者供应链等部门级别的话题，其已经上升到企业高层，成为企业战略中不可回避的重要议题。

这份报告还强调，要在传统流量运营之上进一步深挖消费者价值，即从流量运营向消费者运营升级。这是所有零售品牌正在面临的重大运营模式变革。

消费者通过互联网工具可以参与到企业经营的所有环节，企业与消费者不再是过去的链式连接（图1–5），而变成网状连接（图1–6）。

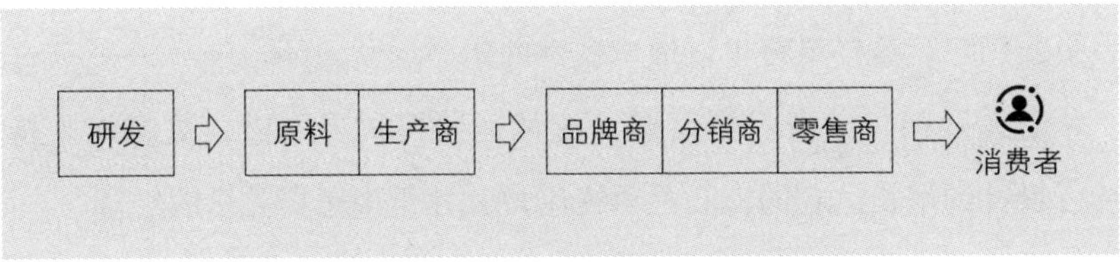

图 1–5　传统企业和消费者的连接方式

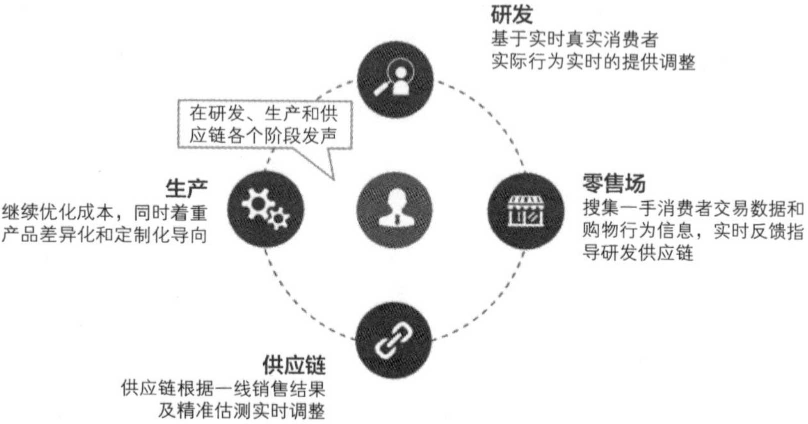

注：来自《新零售下品牌消费者为中心的数字化转型报告》

图 1-6　消费者运营价值网

如图1-7所示，过去流量运营的思维是漏斗模式，企业不断靠获取新用户实现销售增长。企业花钱投广告，抢占渠道资源，因此，企业关注的是用户的转化率，而不太重视用户的留存率，所以用户流失比较严重。

但消费者运营的思维是以用户需求和体验为核心，重视老用户的留存，所以它是沙漏模式。当流量转化之后，关键环节是有流量的留存。做好客户关系管理，引导用户产生复购，通过用户间的口碑分享吸引新用户，这样最终可以形成良性的用户运营闭环。

毫无疑问，消费者运营要比流量运营模式更先进，更能带来持续、良性的增长。它的核心是重视用户，并重视用户关系的经营。

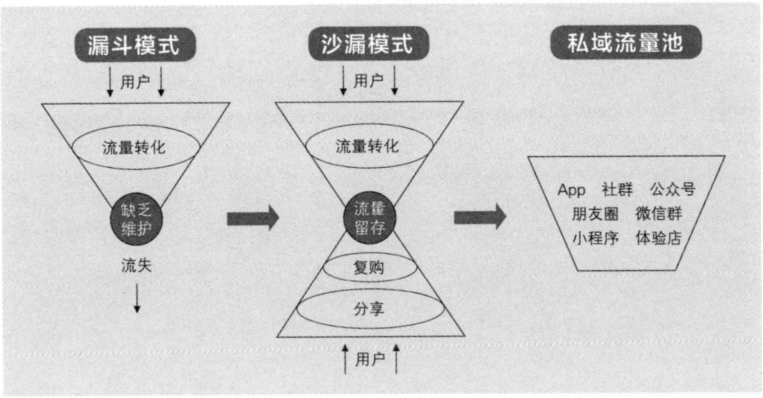

图 1-7 用户运营思维的不同模式

从产品竞争到用户竞争

管理大师彼得·德鲁克曾说:“企业存在的唯一目的就是创造顾客。”这正说明企业的竞争核心还是用户的竞争。

在增量市场时期，获取用户的成本比较低，企业无不把重点放在产品竞争上，所以出现了价格战、促销战、广告战，竞争的核心是产品价格、功能、包装、渠道，最终企业消耗的是自己的利润。比如2010年的“电商大战”“百团大战”“打车大战”等，企业动则投入10亿元、100亿元的补贴，许多企业在恶性的“烧钱大战”中破产了。

围绕产品的竞争终究是有限且不长久的。长久来看，企业还是要回到用户竞争，想办法满足用户更多的需求，提供更高级的服务、更愉悦的体验，甚至建立一对一的私密关系。只要关系牢固，信任深厚，用户就不会离开。毕竟人是有感情的动物，而围绕人进行的交易更不应是冰冷的，应该是有温度的。

所以，越来越多的企业开始重视用户，尽管它们的方法、方式不同。京东最早在电商行业推出京东Plus付费会员服务时，为付费会员提供24小时一对一专属客服服务、无忧免费退换货以及先行极速赔付等特权。海底捞提供的免费送出等位时的茶饮零食，以及擦鞋、手部保养到教用户折千纸鹤等“捞式服务”，甚至超出了用户的期望。

2020年的新冠疫情防控期间，华住酒店集团为所有华住会员提供一份免费的护身福保险保障计划，保费高达70万元，保障期30天，华住会员只需要在他们的App上免费领取即可。

诸如百果园、西贝、孩子王等企业，他们会建立门店用户群，店长、员工亲自加用户为微信好友，提供关怀和服务。

我们看到这些重视用户关系的企业不再依赖价格战、广告战、促销战，却依然能赢得市场和用户，足见从产品竞争转向用户竞争的好处。用户竞争，不论是提供增值服务、福利，还是优化体验，核心都是让用户更满意，强化企业跟用户的信任关系。

所以，如若想增加和保持跟用户的关系，首先要离用户更近一点。

私域流量是市场发展的必然出口

中国有句古话，“远亲不如近邻”。隔壁邻居离我们更近，有更方便、高频的互动和交流，久而久之，自然关系比远房亲戚还“亲”些。

前文提到，用户竞争的核心是“关系”的竞争。私域流量池恰恰是企业离用户最近的地方。比如前文讲到西贝、孩子王等企业的店长及员工加用户为微信好友，邀请用户进微信群，这些行为都会让企业离用户更近——不论从员工提供服务的便捷性，还是从拉近用户的心理距离的角度来看，企业似乎都离用户近了很多。这些微信群、个人微信号就是私域流量池。

什么是私域流量

2017年年底，我在研究私域流量时查阅了所有资料，竟然发现它还没有一个完整的定义。在反复研究之后，我给私域流量下了定义，这个定义至今被行业内外广泛引用。

私域流量是指企业可以自由利用，无须付费，又能随时触达，被沉淀在自有App、公众号、个人微信、微信群等相对私密渠道的用户集群。**相对于淘宝、京东、百度、微博、抖音这些公域流量平台，它属于企业私有化的客户资产**。

从这个定义，我们可以发现私域流量的特点是**自由免费**、**反复利用**、**可随时触达**。

私域流量运营，就是要把用户放在离企业最近的地方，先将他们聚拢在一起，然后照顾好他们，跟他们互动、交流、拉近情感，不断强化关系。

我们强调重视私域流量池，同时也不要忽略百度、抖音、淘宝等公域流量池。相反，我们要清晰地明确两者之间的定位：公域流量运营要不断拉新获客，私域流量运营要不断维护留存。

私域流量对企业的重要意义

既然私域流量是眼下市场的必然出口，那么它究竟对企业的价值和意义是什么呢？我总结了以下四点。

第一，直接降低营销成本。

假设某企业获取一个新用户成本是400元。通过私域运营让用户复购一次，该企业就直接省掉了400元的成本。过去，客户购买后，企业并没有跟他们产生主动“连接”。比如淘宝卖家通过付费广告吸引客户，购买完后，客户又回到淘宝平台，还是属于淘宝客户，而不是卖家自己的。如果想让用户复购，卖家还要再花钱吸引客户到店。

卖家虽然拥有客户电话、地址信息，但想要主动联系触达他们，每次都要通过短信、电话的方式。这些方式触达率低，成本高，客户体验也不好。但如果和每个购买客户都加了微信，集中导入到微信群，那就不一样了。

如果1万个客户愿意加入企业建立的微信群，就表示有1万个人信任企业。后续再推出新品，做活动，企业就有了自己的免费渠道，这样的方式效率高，触达精准。

私域流量池沉淀的用户越多，节省的营销成本就越多。

不仅是电商，线下门店也一样。以前客户消费完就走了，商家只能坐等客户上门。如果有了私域流量池，加上了微信，商家就可以主动联系他们，或者更新朋友圈创造曝光以及一对一私信维护客户。

2020年1月，新冠肺炎疫情在武汉暴发。因疫情控制需要，全国各地线下门店都限制营业甚至关闭。这对林清轩创始人孙春来而言，简直是至暗时刻。他说，林清轩300多家店铺的租金和2000多名员工的开支加起来，每月的固定开销要3000万，如果疫情得不到控制，预计两个月就得破产。

可是这一情况从2月1日开始出现逆转。在店铺关闭，导购不能上班，客户不能到店的情况下，他们通过什么方式继续销售呢？林清轩借助钉钉的导购系统、员工的微信、微信群以及小程序，把客户名单分发给导购，让他们分批添加客户的微信或钉钉号，大规模地建立微信私域流量池和淘宝系私域流量池。靠着这种方式，仅仅2月3日当天，他们就新增了3000多个会员。几天下来林清轩的业绩回到了平常水平，部分地区门店业绩甚至还高出平常200%。

对林清轩而言，这的确是一次逆势增长。它带给我们所有企业的启发是只要连接了客户，销售就能继续；没有连接客户就没有销售额，也没有收入。

再比如，百果园在全国一共建立了4000多个门店用户社群。如果每个群300人，那么累计就有120万人的曝光。如果平均每个群一天成交100元，那一天就是40万元，一个月就是1200万元，一年就是2.4亿元。如果按照1∶2的效果广告计费，这得花1.2亿元广告费。

第二，降低老用户的流失，提升复购。

现在的市场竞争很激烈，某企业的老客户很可能明天就成了对手的新客户。如果不能聚拢用户，及时曝光提醒，用户很可能把企业忘记，或者被抢走。

私域流量池是企业利用用户最近的场景。通过它，企业不仅能够及时服务用户，还能让用户高频地看到自己。曝光多，自然记忆就深刻。只要用户记得企业，当企业有活动或发布新品，此类信息能够第一时间传递给他们。自然而然，产生复购的机会就增加了。

有个做餐饮的朋友开了家店，以前客户吃完饭就走人，只能等着回头客自己找上门，跟其他店没有区别。这家店和其他餐饮店一样，都是靠周边流量产生销售额：高峰时期很忙，但一周总有几个时段生意很淡，偶尔做活动、推新品的时候，就在门口竖个易拉宝，守株待兔。

后来换了一个比较有想法的店长。他开了个微信号，头两个月只要店里的客人添加他微信，就送小菜或打9折，这样很快就积累了1000多位老客户。

紧接着他还建了个VIP客户群，凡通过群预订的，优先有座，并多送半斤肉。店长自己也定期发朋友圈，偶尔搞个新品试菜活动，闲着没事还给客户点赞评论。一来二去，老客户越来越多了。他还针对空闲时间段推出特别优惠，这样既缓解了高峰压力，又增加了空闲营收。

这样一来，这家店就跟旁边的店不同了，不再是坐等客流的状态。

我自己也在他们的VIP群里，自从进了这个群，以前几个月才想起吃一次，现在每个月都会去吃。甚至每当有客户要招待时，我都会想起去那家店。

通过私域流量运营，企业无形之中减少用户流失，提高用户消费频次。只要企业有合适渠道多曝光，老客户就会越来越多。

第三，更有助于强化品牌，提高忠诚度。

联邦快递的创始人弗莱德·史密斯说过，想称霸市场，首先要让客户的心跟着你走，然后才能让客户腰包跟你走。“心”就是用户对品牌的认可。

品牌是企业最大的竞争力、最宝贵的无形资产，是客户对企业精神层面的连接。好的品牌一旦建立，会产生巨大的影响力，继而创造用户忠诚度。但品牌绝不仅仅是通过产品、简单的买卖关系来塑造，企业使命、企业文化、员工服务、产品体验都会影响企业品牌。企业与用户之间有着千丝万缕的关系，关系的好坏最终决定了其品牌在用户心目中的温度和信任值高低。

而在私域流量池，老板、店长、导购或其他员工能够实时、近距离地给用户提供有人情味的服务。同时，私域流量池还能让同类用户一起交流，相互认识，因为品牌而建立社交关系。当他们之间可以成为“好友”，品牌成了友谊的媒介，这样更会增添用户对品牌的信任。

被称为“国货之光”的完美日记，堪称用私域流量塑造品牌的典范。它的品牌人格化IP“小完子”，不仅具备高颜值的外貌，还是一位美妆达人。“小完子”跟客户玩成一片，让用户感受到这是一个值得信任、有趣、鲜活的专业美妆达人。

在传统媒体时代，我们无法跟客户近距离接触、互动，很难让客户感受到品牌的温度。完美日记通过“小完子”这个人物IP很自然地让客户感受到品牌的年轻和时尚。而这也正是他们的用户群所喜爱和追随的。

倡导品牌IP化、人格化，目的是要让品牌跟客户做朋友，而通过私域流量恰恰能够做到这一点。

第四，能够帮助企业筛选出高价值用户。

企业不应该试图服务所有用户，而应该优先服务高价值用户。换句话说，在商业世界里，企业应该优先服务好那些给企业产生利润、认可企业品牌、主动靠近自己的用户。而那些喜欢“薅羊毛”、不贡献利润、不主动靠近企业的用户，企业应该少服务，甚至不服务。我把前者称为“高价值用户”，后者则是“低价值用户”。

很明显，企业的私域流量池是更近距离服务，应该优先服务那些高价值用户。所以，企业在吸引用户进入私域流量池时，应该用正确的方法找到主动用户，而不是让所有用户都进入私域流量。至于如何有效吸引高价值用户，我会在下面的私域流量运营五步法则中详细讲解。

通过私域流量池，企业拥有了一次筛选高价值用户的机会，这些用户更是企业重要的客户资产。

私域流量池的载体工具

前文介绍了私域流量是什么，以及它对于企业的重要意义和价值。那么有哪些承载私域流量的工具呢?

根据私域流量的定义，它不仅仅指个人微信号、微信群，诸如公众号、企业微信、自有App、小程序商城、QQ群、微淘群、实体门店都应该都包含在内。这些工具都是企业自有的服务客户的私密渠道，企业拥有绝对自主权。

通过图1-8，我们会更清晰地理解公域流量和私域流量之间的互联关系及承载工具。

可以作为私域流量池的工具或平台是有限的。图1-8中的私域流量工具主要是微信生态内的工具，其实还有阿里巴巴生态的私域流量池，比如微淘、钉钉、品牌号。为了方便大家清晰了解这些承载工具，我将它们划分为“淘系私域流量池”“微信生态私域流量池”和

图 1-8　公域流量工具与私域流量工具

"企业自建流量池"三大类。

淘系私域流量池

淘系私域流量池主要包括钉钉、品牌号和微淘。

钉钉是阿里巴巴推出的办公应用软件，作用近似于腾讯的企业微信。一些淘宝商家会通过钉钉来添加用户为好友，进行服务和沟通。

品牌号的作用近似于淘系版的"微信公众号"，淘宝用户可以订阅企业的品牌号，企业可以通过品牌号向用户推送图文信息。

微淘则近似于微信的朋友圈，当用户订阅了商家的微淘，就能看到商家实时发布的动态信息。

微信生态私域流量池

长期以来，当我们提到私域流量池，多半指的是微信。一方面是微信有超过11亿的用户，几乎涵盖了所有的网络用户；另一方面是微信确实更方便。用户使用频率更高，也就更愿意通过微信来跟企业沟通互动，这里更有人情味。

微信生态的私域流量池主要包括个人微信、微信群、公众号、视频号、企业微信这几类。

个人微信：企业借助其添加用户为微信好友，然后利用私信、群发、朋友圈曝光等方式来进行营销和关怀。

微信群：微信群和另一款通信软件QQ里的QQ群类似，只是它比QQ群应用更广。在基于微信群的营销实践中，诞生了专门的社群营销这个话题。不可否认，对一些企业而言，微信群确实是更便捷、更高效的维护用户的方式。

微信公众号：这是微信在2012年推出来的产品，方便企业建立跟用户的联系，渐渐成为自媒体的主要阵地。微信公众号是企业一对多服务的最好的私域流量池。

视频号：这是微信在2020年推出的平行于公众号和个人微信号的视频内容平台。它类似于抖音、快手，但具体功能有所差异。

企业微信：这是腾讯微信团队打造的企业通信与办公工具，具有与微信一致的沟通体验、丰富的OA应用，以及连接微信生态的能力，可帮助企业连接内部、连接生态伙伴、连接消费者。推出之时，企业微信是被用来与在线办公领域的钉钉相竞争的产品。

互联网发展到今天，基于消费互联网的红利基本结束，企业级服务领域的互联网，乃至产业互联网成为新的发展机会。腾讯和阿里巴巴必然要在To B（企业）、To G（政府机构）领域展开竞争。这是腾讯的发展战略，2020年以来，从腾讯对企业微信这一产品的宣传力度、更新速度，都能看到它对于腾讯的重要性。

不过现实情况是，个人微信号跟企业微信号在功能上还是有很大的差异性，目前使用企业微信的更多是大型品牌企业、中小微企业，而一些个体创业者、微商等就很难用好企业微信，这部分人群过去是个人微信私域流量的中坚力量。

除此之外，两者还有一些关键差异，比如：

1. 注册。个人微信只需要手机号、身份证就能通过注册，企业微信需要先有公司主体，再通过邀请才能注册企业微信号。离开这家企业，用户过去的企业微信号就没有了。到新公司，需要再注册一个企业微信号。

2. 好友数量。企业微信号几乎无好友上限，单个号最多可添加25万客户好友，而过去个人微信号则有5000人的数量限制，但后来放开限制后，虽然好友人数可以超过5000人，但只能聊天，朋友圈等其他功能依然会被限制。数量不受限，企业就不用像过去使用个人微信那样注册很多小号。

3. 属性。企业微信始终带有企业认证标识，官方属性更浓，缺少像个人微信那样的私人化关系。

4. 朋友圈与社群。企业微信号一天只能发一条朋友圈信息，向客户群发一次。而个人微信号在这方面是没有限制的，它有更多主动曝光的机会。并且，企业微信不能主动查看用户朋友圈，进行点赞互动。企业微信建立的群人数最多200人，个人微信建立的群能达到

500人。

5. 功能。相比个人微信，企业微信带有一些独特的功能，比如自动化功能，包括自动关注回复、进群欢迎、关键词回复等；数据查看功能，包括客户数量、流失客户数、回复消息数、微信群消息数、活跃客户数等数据维度；客户继承功能，即某个员工离职后，他名下的客户、客户群都可以统一分配给其他员工，减少客户资产流失。如果是员工私人微信号加了客户，员工一旦离职，客户资产将被带走；统一客户标签功能，企业微信可以建立统一客户标签，员工只需选择标注即可，而个人微信是不能统一标注的，需要一个个手动记录。

企业微信为企业提供了正规开放的接口，便于企业进行后续二次开发、定制客户关系所需要的一些功能。

总的来看，一些大品牌企业，尤其是线下零售业中的企业，因为有大量导购员、销售员而面临着员工离职导致客户资产流失的问题。他们既想减少客户资产流失，又希望规模化、标准化地运营私域用户，就会采用企业微信的方式。

而一些中小企业，以及过去个人微信里已经有大量私域用户的企业，在选择个人微信号还是企业微信号时会比较纠结。一是企业微信在客户管理的一些方面确实有优势，但过于浓厚的官方属性，以及有限的曝光频次又使它存在局限性。二是将个人微信上的用户转到企业微信，迁移成本和难度很大。

因此，中小企业可以关注企业微信的发展，并做小范围尝试，毕竟它还具有较多的不确定性。目前，企业微信的客户群可以重点应用，它有很多自动化、数据统计功能，对提高社群效率非常有帮助。

上述这些微信生态内的私域流量池，应该形成私域矩阵应用，这样使用效果才是最好的。

企业自建流量池

这类私域流量池是企业自己的，不依赖于其他平台的工具，比如企业自有App、线下门店、企业官网、小程序商城。只是对于大多数企业而言，App、官网都属于用户低频使用的平台，但不可否认，它们同样符合私域流量的概念。

目前来说，能够建立自己独立App的企业都是平台型或大品牌企业，比如百果园、孩子王、沃尔玛等。绝大多数中小企业的私域流量都是依赖淘系或微信生态建立。

另外，私域流量池如果按照承载工具和转化工具来分，以上三类多半是承载用户的工具，而像小程序商城、腾讯直播、线下门店这些就属于成交转化的私域流量工具。

它们都属于企业的私域流量池，只是发挥着不同的功能和价值。

当然，在目前的实际应用中，微信生态是私域流量池的主阵地，企业可以利用个人微信号、企业微信号、公众号、微信群、小程序形成一套完整的私域运营闭环。这里我想强调的是，企业应该从全网全域的角度来考虑企业私域流量池。比如，林清轩既建立了以钉钉、微淘、天猫等为矩阵的淘系私域流量池，又建了以企业微信、微信群、公众号、小程序商城等为矩阵的微信生态私域流量池。

对企业而言，不管是什么平台，重要的是在用户所在的地方尽可能地扩大私域流量池，沉淀更多的高价值用户。

哪些企业适合开展私域流量运营

凡是用户对于产品和服务在一年之内有重复消费需求的企业，都很适合进行私域流量运营。判断企业是否适合的关键点在于“复购频次”。

因为只有用户对企业的产品有再次消费的需求，企业投入精力来经营和服务用户，才能获得回报。因为一切用户关系的维护最终都是为了销售，或者口碑传播。当然，绝大部分零售企业主要还是为了再次购买。

在“复购频次”上有没有具体的复购次数可以用来辅助判断呢？如果是快速消费品，一年内用户有不低于5次的自然复购需求，就非常适合做私域流量了。像周黑鸭、百果园、孩子王、西贝、乐刻等这些企业都是很适合的。

此外，也有频次低于5次的，比如某家钻石品牌企业。虽然一个用户不大可能买5次钻石产品，但是该企业还有黄金、玉石等产品，同时因为客单价都在6000以上，所以单笔客户价值很大，即便一个用户一年只买2次，企业也能获得足够的利润，其中的利润空间足以支持企业通过私域流量池来服务用户的成本。

总而言之，如果是低客单价产品企业，复购频次越高越适合；如果是高客单价的产品，那一年哪怕只有2次自然复购机会，也是可以根据实际情况考虑进行私域流量运营的。

但如果是一次性的产品或服务，用户消费一次可能再也不来消费，或5—10年才有可能再消费，这类企业就不太适合了。比如婚纱摄影机构，大多数人还是奔着一辈子只结一次婚的，一般情况下不太会有复购。再比如房屋装修业，用户装修一次，在5—10年内一般不会再有装修需求。这类企业除非还有其他衍生产品或服务，否则做私域运营的价值不大。因为产品和服务是连接私域流量池用户的根本。

第二章 | 新手企业如何布局私域流量

企业布局私域流量前的准备

凡事预则立，不预则废。私域流量并不是刚刚出现的新事物，很多企业甚至在三四年前就开始建立私域流量池，但是其中不少企业做着做着便不了了之。为什么会这样？大多数都是因为没有做好充足的准备。他们要么把私域流量想得太难，感到无从下手；要么就是想得太简单，导致急功近利。

企业在做私域流量前，得从以下几个方面做好准备。

更新认知

在第一章，我们通过市场数据分析得知，今天流量红利已经结束，企业从产品竞争到用户竞争，并不是偶然发生的。企业私域流量化是市场发展的必然出口。

事物都是从简单到复杂。市场总会经历从有红利到没有红利的变化，产品从稀缺到过剩的过程中也总是充满竞争，这就是事物发展的客观规律。

在市场发展的初级阶段，大规模的用户增长带来企业营收的增加，用户规模成为企业的追求目标。渐渐地，获客成本越来越高，竞争越来越激烈，企业就要考虑深挖用户的价值即“用户的终身价值”。企业做私域流量，本质上就是通过经营用户关系延长用户关系的生命周期，实现对用户终身价值的挖掘。

企业首先要从认知上做好准备：私域流量是必然要做的。

扭转心态

不少企业的老板总会问我一个问题：做私域流量多久会有效果？

任何一种增长方法都有其两面性。私域流量对企业产生的增长效果，相比广告而言，是带有明显的滞后性的。但它比广告成本低，效果持续，并且对企业而言是绝对的良性增长。

为什么私域流量的增长会有一定的滞后性？这个和私域流量驱动购买的逻辑相关。

做私域流量是在经营和用户之间的关系。这个关系往往是由陌生到熟悉，再由熟悉到信任。它是建立信任、积累信任的过程。只有信任积累到一定程度，用户才会购买。该过程是通过互动和价值互惠来建立的。

而广告往往是简单粗暴的价格告知，通过利益、价格的诱惑来直接寻找有需求的人。广告需要大量覆盖，从很多人中找到目标消费者。它见效快，但投入大，甚至需要企业牺牲利润来换取首次成交。

私域流量的滞后性是相对的，企业并非一定要等待几个月甚至一年才能见效。这和企业的产品及所处行业相关。比如你是卖水果的，可能在微信群建立的两三天后就开始有用户产生购买了。但如果你是卖衣服的，那可能需要一个月，因为衣服有季节性，并且单价高些。倘若你是卖汽车的，那可能就需要三个月甚至半年。

所以，想真正做好私域，企业必须坚持长期主义和资产思维。企业要把用户当作客户资产，不能抱着“赚一笔是一笔”的心态。

方法论系统化

常常会有企业问我这样的问题，为什么私域流量池里面明明人也不少了，但就是不活跃、没有转化呢？问题往往不是出现在加粉拉人这个环节，而是出在后续的各个环节中。可能是用户并不清楚企业是谁，企业有什么特点，以及能够提供什么价值。这些问题的背后是企业在私域里的品牌IP没做好。也有可能是用户进来后，企业并没有通过内容、互动、活动、社群等多方面地跟用户接触，加深彼此的信任。用户不信任企业，自然不会花钱。这背后就是用户促活没做好。

运营私域流量，需要一套有序的方法论。这里的方法论并不是指具体某个技巧，而是强调方法的系统化。运营不是一个单点的工作，而是一条链，需要多个环节协同配合。这需要按照后文提出的私域运营五步法，做好IP化、连接、促活、分层、复购五个环节的工作。

强调系统化的方法能快速地帮助我们找到陷入困境的原因。

从全局来看，把私域流量跟公域流量结合，再跟企业用户经营、品牌建设结合，这就是从点、线、面再到整体的认知过程。

合理利用工具

高估营销工具的作用也是很多企业容易陷入的误区。不少企业会觉得，购买了运营的工具，比如加粉工具、群控工具、发红包工具等，做成私域流量就指日可待了。

工具是帮助企业提高效率、节省人力、走向规模化和标准化的帮手。但是前提是，企业已经完成了上述系统化的准备工作。所以，私域流量能不能做成，首先不取决于企业有没有工具。

我曾自己创办过私域流量的SAAS工具，也担任过一家由腾讯投资的SAAS企业的新零售战略VP。从我的经验来看，前期不要过度神化工具的价值，尤其要格外警惕一些SAAS厂商为了销售故意夸大工具的价值。工具要在掌握方法的前提下合理地使用。

专业团队培训

所有的工作最后都离不开人。如今市场上各行各业都出现了垂直分工，很多时候，企业之所以觉得生意难做，往往是因为很多环节还处于粗放式运营的状态，自然就跟不上时代，缺乏竞争力。

只有专业的人干专业的事，才能把事情干好。所以，在做好私域流量这件事上，老板要懂趋势，懂它的价值，而团队要会运营的具体方法和技巧。在给全棉时代、贝亲这些企业做私域流量顾问时，我都会对企业做人员访谈，以了解这个团队成员的专业性，也便于我来评估顾问服务的时间长短。作为顾问，我的目的是要让公司团队在有限的时间内掌握专业的能力。很显然，团队的专业基础不一样，所花费的时间自然也不同。

所以，企业专人、专岗，提供专业的能力训练，也是做好私域流量必不可少的准备。

熟悉私域流量运营闭环流程

私域流量的本质是经营用户，做好客户关系管理。对任何一家企业而言，经营用户关系都是一项长期战略。经营好用户关系，用户就会持续购买，企业就会持续增长。经营好用户关系，就能增加用户忠诚度，形成品牌，甚至让用户为企业传播品牌。所以，私域流量的运营会涉及销售渠道、售后服务、品牌传播等多个环节。

企业在布局私域流量时，必须清楚私域流量在业务中的运营闭环流程。

图2-1是微信生态的私域流量闭环。通过这个闭环流程，我们可以对私域流量的运营有一个整体了解。私域运营是通过人、货、场这三个零售的核心要素来驱动成交、促进增长的。另外，私域运营会跟企业数据中台相连，私域流量池中产生的销售数据、用户行为数据都会进入企业数据中台，成为中台数据的一部分。

企业无论通过哪个渠道运营用户，都会经历类似的闭环流程：从吸引用户到沉淀用户，再到成交，最后进入商家后台数据分析。下面我以微信生态闭环为例并结合图2-1进行详细说明。

我们先从“人”开始，这是私域流量的起点。前文讲过，公域流量负责拉新获客，所以，企业所有用户来源分为线下和线上两个入

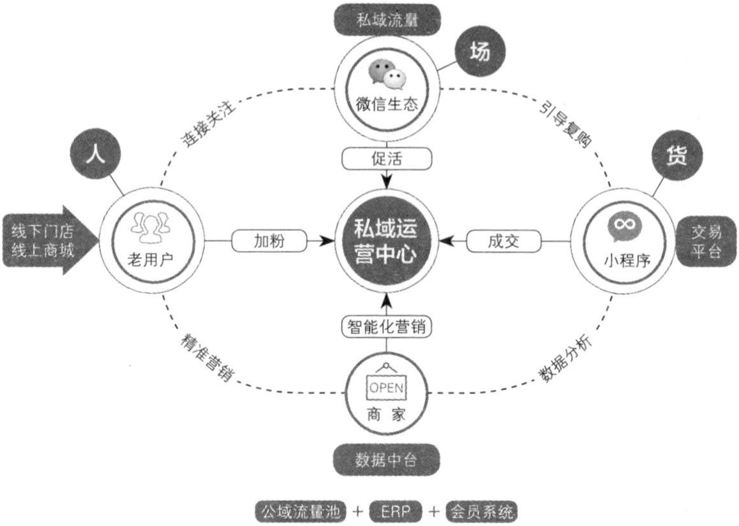

图 2-1　微信生态中的私域流量闭环

口，分别称为线上商城和线下门店。

企业想办法把这两个渠道的用户吸引到微信的私域流量池中，让用户主动连接私域流量池，这个过程称为“连接”。这里私域流量池就包括微信公众号、个人微信号、企业微信等。

用户进来之后，企业需要运营促活，保持他们的活跃度，从而引导用户复购。这时就要有交易商城了，微信生态内常用的交易商城有微商城或小程序商城。

用户从进入私域流量池，到最终完成一次成交转化，其中产生的社交数据、消费数据都是可以返回给商家的CRM（客户关系管理）系统。通常，大型企业会建立自己的数据中台，这里面就不仅仅是CRM系统的数据了，还会有公域流量的用户行为数据、订单发货信息、会员信息等。

总之，私域流量中产生的数据能够进一步完善用户在企业的数据画像，这样就把私域流量、公域流量、用户经营体系全部连接起来，最终形成企业的运营闭环。

正是有了这样一条运营闭环流程，企业就可以对用户进行高效触达、精准营销、关怀，并推荐更有效的产品，这也是客户数字化带来的好处。所以，当企业具备了基本运营的能力，跑通了整个运营过程，就可以利用工具来记录各环节数据，同时方便规模化地复制。

以上是微信生态私域流量的运营闭环。但这个闭环不仅适用于微信生态，当我们把图2-1中的“场”由微信生态换成淘宝生态，也可以形成淘宝的私域运营闭环流程。

今天，对于大型企业而言，他们会同时建立微信和淘宝生态的私域流量池，这将最大化地实现用户私域化。

总之，掌握私域流量在企业整个业务运营中的闭环路径，更加有利于企业协调资源，发挥私域流量的价值。

选择合适的运营管理模式

常常有企业会问我这样的问题：同时拥有三个品牌，该怎么做私域流量？既有自己的品牌IP，又有老板IP，该怎么整合运营？企业在线下是加盟商模式的运营体系，又该怎么做私域流量？甚至有的企业的同一个品牌，线上线下是分开的，分别有不同的利益诉求和人群诉求，这又如何做私域流量？

以上所有这些问题都涉及私域流量的运营管理模式。它就好比一座房子的结构。结构搭错了，最后造出来的不仅不是想要的房子，还有可能成为危房。

我总结了三种常见的私域运营管理模式：放射模式、双子星模式和蒲公英模式，如图2–2至图2–4所示。

放射型模式

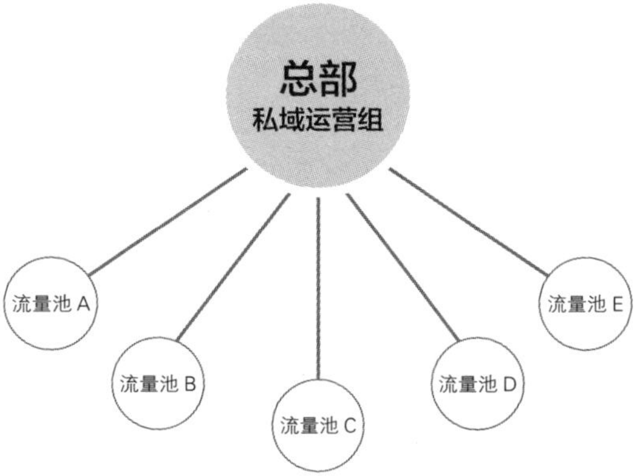

图 2–2　放射型模式

这种模式下，公司总部拥有统一的私域运营团队，对全公司的私域流量池进行统一的运营管理。这种中心化的管理方式能保证信息高效同步，服务流程标准化，且具有一定的稳定性，但是对总部运营团队的要求很高。比如，像百果园和西贝这种主要以线下门店运营的企业，还需要建立强有力的沟通协作机制，保持总部和门店之间的顺畅沟通，信息及时同步。所以，这种模式采用比较多的是电商类的企业。这类企业只需总部一个私域运营小组就能都搞定，基本不存在门店沟通问题。

所以，如果企业是单一品牌、单一IP，或者线下门店是直营的，企业对品牌有强掌控力，能保证用户稳定的服务体验，那么可以采用放射型模式。

双子星模式

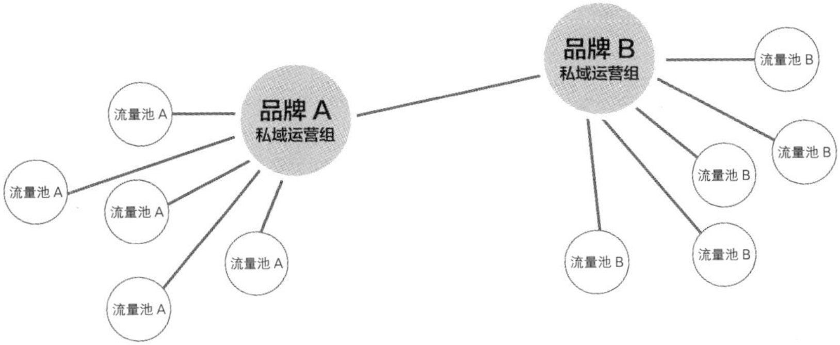

图 2–3　双子星模式

这种模式下，通常企业有两个私域运营团队，或者只一个团队，但实际上要承担两份工作。因为这种模式涉及的是两个品牌或IP的私域流量池。他们会面向不同的用户群，需要不同的内容及运营方式。

我在2019年服务过的一家企业就是双子星模式。该企业虽然只有一个品牌，但涉及电商和线下门店两个渠道体系，两边都有各自的销售业绩和利益体系。于是，企业只能建立两个流量池，将两个IP由两个运营团队分开运营，并在两个运营团队之间建立合作机制。比如，因为电商和线下门店有一些产品不一样，如果电商私域推荐了线下门店的产品，一旦卖出去，那么线下门店要给电商渠道分一部分提成，反之也同样。

这种模式的好处是，不论最终将用户引导到哪里成交，双方都能获利，如此两个团队都能尽力服务用户。

蒲公英模式

最后一种模式是蒲公英模式，它是去中心化的，每个分支都有独立运营的权力。在蒲公英模式下，品牌总部扮演的是指导和资源协助的角色。总部不需要建立专门私域运营团队，只需要有人对接、指导、赋能下面各个独立中心。

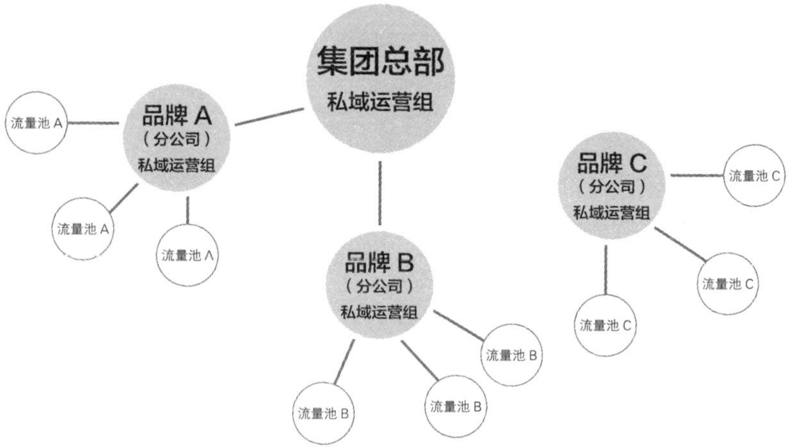

图 2-4　蒲公英模式

蒲公英模式本质上是分布式模式，保持各个支点的独立性。一些企业喜欢做IP矩阵，他们往往会设计好多个IP，比如完美日记的小完子、小美子。这两个素人IP有不同的内容，每个IP账号都是独立的，而且风格不同，辐射的人群也不同，这个时候就只能各自运营私域流量了。

不过在实际的操作中，以上三种模式可能会同时出现在一家企业，或者说一家企业的私域运营中，同时包含了这三种运营模式。

曾经有家企业和很多常见的线下企业一样，业务模式比较复杂。它的线下店业务跟线上电商是分开的，这就有了两个私域流量池体系。而线下门店又分为直营店和加盟门店，这又会有两个体系。同时他们还培养了一个网红主播，这又会有一个新的IP。所以，该企业实际上有四种不同的私域流量池。

这样下来，这家企业就在内部分了两个团队，一个团队负责线下直营门店私域运营，以及指导加盟商私域运营，另一个团队要运营品牌的线上私域流量和网红主播的私域流量。

这就是融合了放射型模式、双子星模式和蒲公英模式的案例，在实际应用中，企业应该是灵活应变的。

建立专业的团队架构

前文讲过，对团队进行专业训练是布局私域流量前必不可少的准备工作。那么，具体如何建立专业化团队，让私域流量运营工作链条上的人做好自己该做的事？我准备了一幅标准的私域运营团队架构图，下面具体讲一讲每个岗位的工作和职责。

首先公司在定位私域运营的团队归属问题时，一般公司可以将其放在用户运营部门。线下零售企业往往都会有新零售中心，则可以考虑直接放入新零售部门。如果是电商公司，可以放在社群运营部门，也可以直接放在社交零售部门。这些可以根据各自公司的具体情况来定。

图2–5是标准的运营架构图，包括了运营负责人、内容组、策划组、运营组、数据分析和选品组六种角色。除了运营负责人之外的各组，分别对应着文案编辑、策划人员、客户运营、数据分析和选品专员这五个岗位，每一岗位可分配1—2名员工。

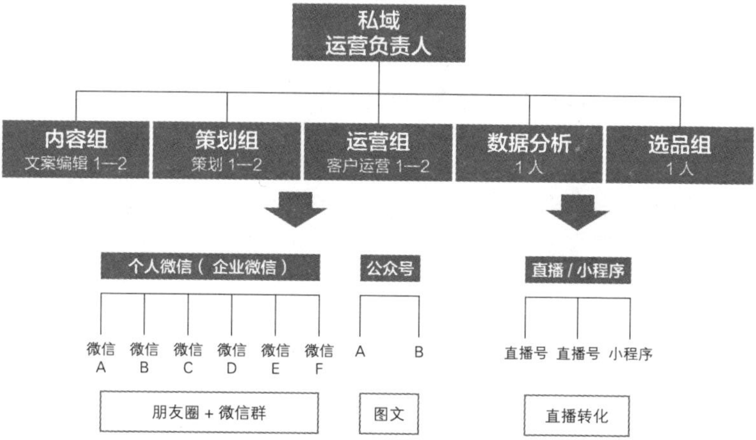

图 2–5　私域运营团队架构

私域流量运营负责人

这是决定私域流量运营能否快速推进和成功的关键角色。作为负责人，他需要对私域流量有强烈的认可和信心，愿意推动和参与其中。其专业要求是需要熟悉互联网，有社交思维和用户思维。

这一岗位的主要工作职责是：

1. 负责项目整体的推进和团队工作的管理安排。

2. 负责协调公司内外部组织和资源，促进项目顺利开展。

3. 负责把控、评估私域运营中各工作模块的标准，比如文案内容、活动方案审核。

4. 负责项目数据的分析，依据实际情况及时调整和改进。

其关键考核指标主要有：

1. 私域流量创造的销售数据、用户活跃度、超级用户比例。

2. 在企业启动超级用户计划之后，超级用户数量、活跃度成为考核的重要部分。

文案编辑

这是执行岗中很重要的岗位，因为私域运营里涉及内容的地方很多，包括长内容、短内容、活动文案、产品文案等。文案的目的是以建立用户信任，促进成交。所以，必须找一个有文案经验，且最好懂一些营销思维的编辑。

他的主要工作职责是：

1. 负责微信（群）整体内容输出的运营规划、撰写和发布。

2. 负责微信中商品文案的撰写与修改。

3. 负责帮助活策划人员撰写和修改活动，推广文案。

4. 负责统计朋友圈内容的点赞、评论、互动等数据。

他的关键考核指标主要有：

1. 内容平均互动次数。

2. 内容的效率（审核修改次数）。

3. 对IP的熟悉理解。

4. 引发的意向咨询量。

5. 文案引导至小程序的流量。

上面这五项是常用的评估维度，不同企业最终根据实际情况选择。

策划

策划听起来就像出主意、想点子，这或许是长久以来很多人的印象。但负责私域流量的策划组主要负责引导添加用户的策划，以及用户活跃度、销售转化的策划。策划不仅仅是要想出一个点子，而是要结合公司资源实际情况把点子落地，并制定方案。所以，该岗位的能力要求也不低，其工作职责有：

1. 负责定期策划朋友圈、微信群或节假日的营销活动，提升用户黏性，创造销售转化。

2. 负责引导用户添加微信的方案策划，落地执行。

3. 负责提交活动主题规划，制定流程，撰写活动方案，协调内容、社群运营配合，达到活动目的。

4. 负责活动实施的跟进、监督，以及数据反馈，活动结束提交活动总结复盘报告。

对于这一岗位的工作成绩考核，主要是引导加粉量、每月活动次数、参与人数以及活动产生的销量。

客户运营

这个岗位主要做两类工作：社群的运营维护以及回答私域用户的咨询。我们也许会觉得这有点像客服工作，但我认为区别很大。过去客服的工作是用户问什么就答什么，但是私域客户运营的要求是销售型客服。他需要根据用户的疑问找到销售机会，把产品卖出去。所以他的工作职责是：

1. 负责微信私聊用户的各类问题解答。
2. 负责社群内的运营维护。
3. 负责与用户进行朋友圈点赞、评论互动的工作。
4. 负责及时更新同步朋友圈，微信群信息（如有软件可省略）。
5. 负责针对用户不同场景设计互动、沟通标准话术。
6. 负责引导用户销售成交，提供顾问式销售。

这个岗位是非常重要的，因为他们是跟用户一线接触，并且带有销售属性，所以他们的薪资应该是跟销售挂钩的。具体的考量指标可以参考下面五项：

1. 服务时长。
2. 标签完善程度。
3. 私聊互动比率 。
4. 意向和成交数量。
5. 响应速度。

数据分析

这个岗位很重要，因为它能够从已经发生的运营工作中找出问题和规律，不断优化和调整运营工作。数据分析人员不仅仅负责收集整理数据，重心还在于分析。不过，往往前期只能让运营负责人代理了。他的工作职责是：

1. 对每日的数据进行汇总整理。
2. 对数据趋势进行分析总结。
3. 提供有参考性的指导建议。

这项工作的考核主要是他提供的分析建议是否合理有效，运营团队在采取建议之后各方面的其他数据有没有改善。所以，这个岗位最好安排有资深经验的人担任。

选品专员

这个岗位在平台类的企业做私域时非常重要。我曾经给返利网担任私域运营顾问时，就发现选品的好坏不仅影响当日销售量，还会影响用户的活跃度。后来我们专门安排了一名经验丰富的选品人员，结果私域每日的销售都会很明显地增加。但是对于零售类企业，产品种类不会特别多，这个岗位不会特别重要，可以由文案编辑或策划人员兼任。

他的主要工作是：

1. 选择适合私域流量的推广销售的产品。
2. 提前做好商品的规划。

3. 从销售数据中优化选品标准。

4. 策划安排商品的推广节奏。

对于这个岗位的考核，最重要的是订单量、客单价和销售额，可以以周、月为单位来分析他选品的成功之处和失误地方。另外，他还可以承担一部分小程序商城中的商品运营工作。

随着直播成为私域流量中转化销售非常重要的方式，很多企业开始以“私域+直播”的组合来运营。而直播这块就会涉及主播培养、直播安排、选品策划等工作。所以，有条件的企业可以另外建立专门团队来跟上面私域运营的团队分工配合。

中篇
从公域到私域的运营五步法则

第三章　品牌 IP 化——打造企业的专属 IP 形象

经营私域流量，核心是经营企业跟用户的关系，因为关系产生信任，信任决定成交。而IP化，即企业品牌的人格化表达，是建立和拉近用户关系非常有效的方式。在用户想要进入到企业的私域流量池时，不论是公众号、微信群，还是添加企业微信为好友，用户首先会想要知道：我即将要跟谁产生连接，他能为我提供什么价值，他有什么特点。而品牌IP就能很好地回答这三个问题。IP化是私域流量运营的第一步，也是私域流量成功的内核。

相比App或者小程序商城，社交网络中的私域流量池运营本身就重在人跟人的社交互动，如果IP化没有做好，不能在用户心中创造清晰的人设，让用户快速建立充分的信任，那整个私域流量的运营就会事倍功半，甚至失败。

所以，这一章我们就要学习到底什么是品牌IP化，它与私域流量的关系，企业为什么要IP化，以及如何做好品牌IP化。

何为品牌 IP

IP这个词原本是英文单词intellectual property的缩写，意思是“知识产权”。早期的IP通常是指能够凭自身的吸引力，获得巨大流量的内容，并聚焦在电影、漫画、文学、游戏等娱乐文化领域。比如，《欢乐颂》《盗墓笔记》《王者荣耀》，这些都是IP，就连“达康书记”这样的荧幕形象也是短暂的IP。

随着互联网的发展，IP的定义不断被延伸，从内容变成具体的个人。比如，一些“网红”也称为IP，像李佳琦、薇娅等。

很多品牌也都有各自相对应的IP。比如，提到格力空调，我们会想到谁？毫无疑问是董明珠。

同样，提到阿里巴巴，我们会想到马云；提到锤子手机，我们会想起罗永浩；提到得到，我们会想起罗振宇。

反之，在提到一些IP时，我们也同样会想起它背后的品牌。比如看到李彦宏，我们会想起百度；看到吴京，我们会想起电影《战狼》；看到雷军，我们会想到小米。

除了真实的人物IP，人们也会喜欢并记住一些虚拟的IP。

比如2019年很火的哪吒，他作为一个动画人物IP，人物性格非常鲜明。看到他，我们就能联想到他的经典台词：我命由我不由天。这体现了他要改变命运的决心。

还有，我们所熟知的日本熊本县的代言人——熊本熊，他是熊本县公务员。这个可爱、憨厚、腮帮红红的独有的IP形象，自从出道以来，为熊本县带来的直接经济收益超过76亿元人民币。今天，他依然深受很多女生和小孩子的喜欢。

类似这样的动漫IP还有很多，比如小猪佩奇、唐老鸭、喜羊羊等。

看到这，大家应该对什么是IP有了一定的了解。在私域流量运营中，**IP其实就是企业或品牌的人格化表现，是商业变现力和人格魅力的一种载体。它可以是真实的人物形象，比如雷军、罗永浩，也可以是虚拟人物形象，比如熊本熊、哪吒、小猪佩奇等。他们都具有“人”鲜活的性格特点，有生活、有故事、有情感。**

这些IP往往会成为企业的形象代言人。用户通过跟IP的互动交流，来感知和理解这家企业及品牌的形象，从而产生信任或不信任。因此，IP必须保证跟品牌和企业的形象一致，最终能够跟用户友好、顺畅的沟通。

在私域运营中，一家企业的IP并非唯一，也并不一定是创始人老板，或一个虚拟的动画形象。一个企业的IP可以有很多个，他们可以是门店店长、导购、产品经理、客服经理等。比如，西贝推出了门店店长IP，这样一来全国就有400个IP，各有各的样子和偏好。但这些IP都必须经过公司统一基础培训，获得IP塑造的基本认知和方法。这样，每一个店长都优先服务自己门店的客人，从而在客人心中逐步建立自己的IP形象。

所以，所谓品牌IP化，就是将企业或品牌进行人格化的呈现和设计，最终变成一个真实的或虚拟的人物形象。

品牌 IP 的价值

相比一般的企业，当我们提到有IP的企业时，脑海里会有画面感，会出现喜欢或讨厌的情绪，更容易记住他的特点。让用户有这些感受，正是企业创建IP希望达到的目的——通过品牌IP在用户脑海里创造记忆画面和情绪，从而建立信任和沟通。

具体而言，品牌IP的价值有四点：

第一，相比企业品牌和名字，IP显得更加亲切，有人情味，容易让用户信任。

比如屈臣氏，它是一个品牌名字、一个代号，没有性别，没有喜好，也没有角色身份。

但屈臣氏创造了一个虚拟人物IP作为他们的品牌代言人，名叫屈晨曦，英文名Wilson。他的角色是屈臣氏专业的美丽顾问，还是一个装扮时尚、懂得护肤知识的年轻小伙子。这也是经过数据调研分析后，企业打造出的符合屈臣氏用户画像的形象。

这样一来，用户就有画面感了，更容易记住他了。现在屈晨曦已经在屈臣氏云店等地出现，解答客人的问题，帮助筛选商品，并给出化妆品的选择建议。

第二，相比企业名称或品牌，人格化的IP名字更好记。

比如老干妈、张小盒、康师傅等具有人格化属性的名字，就比非人格化名字更容易传播和记忆。

第三，相比企业和品牌，IP会有自己鲜明的特点，更加吸引人。

企业在设计提炼IP时，会结合品牌、用户人群来赋予他“人设”，放大一些特别爱好、动作、语言或其他特点。这些鲜明的特点会更容易引起用户的注意。比如，当提到李佳琦，你会想到他的人设：男人里最懂口红的，直播间里的他永远是红红的嘴唇。他的标志性口头禅是“我的妈呀！”“Oh, my God！”他会竭尽全力为粉丝争取最低价格，甚至不惜得罪品牌。这些都是人设的一部分。

第四，相比企业和品牌，IP的人设会更丰满、立体，容易给人留下深刻印象。

因为IP是一个人格化的角色，不论他是虚拟的还是真实代言人，他都会有自己的样子、名字、爱好、特点、特长等。这些维度都会在后面的宣传、曝光中展现出来，最终印到用户的脑海里，慢慢让他们形成对IP的画面感。一旦用户脑海里有了画面感，让用户记住企业和品牌就更轻松。正如我们提到马云，脑海里会迅速出现与马云相关的照片、演讲、新闻等，我们对他了解越多，记忆就越深刻。

当品牌IP化之后，企业就可以在私域流量池以“人”的真实身份跟用户沟通互动。这一规律不仅仅在微信上适用，在抖音、快手、哔哩哔哩、小红书这些社交媒体上也同样适用。因为这些公域流量池上的用户，同样更愿意关注有亲和力、人格化、有特点的“人”，而不是冰冷的品牌。

还有一类企业，在创立之初就把品牌设计为IP，以一个人格化的IP作为品牌。

比如，曾经打造了《喜羊羊与灰太狼》IP的资深IP运营专家胡宗京，现在创立的网红餐厅“猪小嫚”一开始就设计了“猪小嫚”的IP人设：一个热爱自然、喜欢美食、做事追求完美、用心达到极致的形象。她有一个大智如愚的丈夫狗小憨，还有一个古灵精怪、懂事贴心的宝贝咪小鸭。

这种天生自带人格化的品牌，自然更符合年轻用户的喜爱，也更容易在社交网络上受到追捧。

成功品牌IP的特质

我们的生活中存在很多成功的IP。以白酒品牌——江小白为例，它是白酒中第一个打造虚拟人物IP的品牌。在过去8年中，江小白从0做到20亿元销售额，它拥有越来越多的粉丝，成为潮酷年轻人最喜爱的白酒品牌。在大众的认知里，江小白是一个文艺的年轻人形象，他留下了太多的经典语录，深入年轻人内心。在许多忠实用户心里，江小白就是大学宿舍的哥们，一起在职场上奋斗的兄弟，连接着用户的情感和寄托。也正是因为有了这些情感连接，让用户对它产生信任，最后才有用户源源不断的购买。

毫无疑问，江小白的IP塑造是成功的。那么，像这样成功的品牌IP都有何共通点呢？

关于打造成功的品牌IP，瞭望智库出品的《面向高质量的发展：2017—2018年度IP评价报告》中讲了三点：

第一是时间。即IP能够被市场和时间所验证，形成长期消费行为及消费期待。

第二是情感。即IP能凝聚并沉淀用户情感和文化价值，并非因不良商业炒作等引起关注。

第三是跨媒介。即通过不同主体的接力创造和不断创新，共生形成一系列兼具文化价值和产业价值的文化产品。

从这三点中，我们可以看出，**一个成功的IP必须经得起时间检验，必须有鲜明的人格化特征，跟用户建立情感联系，并且能帮助实现商业变现**。

一个典型的例子就是故宫博物院。

过去，故宫给大众的印象就是皇家圣地，威严庄重，不易亲近，在舆论中也没有什么话题。直到2014年，故宫通过官方公众号发布了《雍正：感觉自己萌萌哒》一文后（图3-1），才引起了广泛关注。文章里，雍正一改唯我独尊的古代皇帝形象，通过反差卖萌，成了故

图 3-1　故宫博物院推文截图

宫品牌下的第一个IP代言人，瞬间就拉近了故宫跟大众的距离。

随着故宫淘宝粉丝的不断增加，更多的文章被广泛转发，甚至在公共舆论空间里形成“刷屏”现象。很多用户通过故宫博物院开始了解历史文化，喜爱中国文化。故宫博物院也慢慢开始一系列的商业化尝试，其文创产品的广告也都充满了反差萌，非常幽默，甚至连鳌拜也成了故宫的IP代言人（图3–2）。

图 3-2　故宫博物院推出的鳌拜代言海报

再后来，故宫博物院开始与百雀羚、卡地亚、瑞幸咖啡等进行跨界合作，不断强化年轻、卖萌的形象。同时围绕年轻人日常生活的刚需以及趣味性需求，推出各类文创产品（如图3–3所示）。最后，整个故宫品牌成功渗透到了当下年轻人的各类生活场景中。2017年，故宫IP实现了15亿元的收入，这一收入水平超过了中国A股中的1500家企业。时至今日，故宫博物院的“周边”依然热度不减。

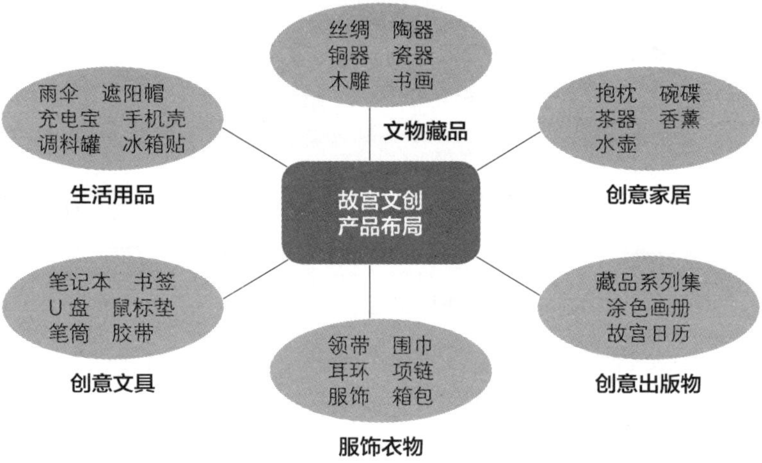

图 3–3　故宫文创产品布局

企业把IP设计打造出来之后，必须经营它，让它在私域流量池里不断曝光、强化互动，逐渐让用户记住品牌的IP，建立信任。有了信任，用户才会购买。毕竟成功的IP最终一定是要实现商业化，带来商业价值，只是不同影响力的IP所产生的商业价值不同。比如江小白、罗永浩、熊本熊这些耳熟能详的IP，他们能产生数以亿计的商业价值。而一个餐饮店店长、淘宝店掌柜、品牌设计师，他们的IP影响力就相对小，产生的商业价值也少一些。

绘制企业 IP 自画像

既然品牌IP相当于品牌人格化的代言人，那么不管是真实的人，还是虚拟设计的人，我们都需要了解清楚这是个什么样的“人”，知道这个“人”的基本资料。我把它称为IP自画像。

要绘制企业的IP自画像，第一步要做的就是对企业进行了解和调研。

这一步非常非常重要，不了解企业本身的品牌定位和用户群特征，我们就不能展开对IP的设计。前文讲过，IP是要代表品牌跟消费者沟通、对话的，所以它必须具备品牌的气质和性格。只有这样，IP才能在跟用户沟通互动时传递与品牌一致的形象。但很多企业在做私域流量时会忽略这一步。结果，IP体现出来的性格与品牌定位不符，用户感知到这种不协调，信任感也就难以建立，甚至破坏原有的用户信任基础。

另有一类企业，他们把IP官方化，甚至连名字都没有人格化，使得IP完全没有人情味。比如某美妆品牌在微信朋友圈的IP昵称，就叫××美妆，这样的IP也就形同虚设了。大家每天在朋友圈看到这个号发的内容，都会觉得是在打广告。

在做品牌调研中，企业可以从下面九个方面切入了解：

1. 企业目标用户的人口属性，比如性别、年龄、职业、地域。

2. 企业目标用户的消费能力、消费偏好。

3. 企业的竞争品牌，以及它们跟自身的区别。

4. 企业目标用户常用的社交软件，常见的有小红书、知乎、微信、微博等。

5. 企业目标用户常用的购物平台。

6. 企业目标用户的兴趣标签，比如购物、运动、旅游等。

7. 企业员工对品牌的印象，以及如果请一位明星代言，觉得谁比较合适？

8. 企业未来品牌的发展定位是什么。

9. 搜集分析电商平台上用户的评论和留言。

当我们了解了上面这些问题，基本上会对企业的用户画像有基本判断，接下来提炼和设计IP形象就会准确很多。将品牌调研的信息充分消化后，我们可以参照表3-1IP自画像的模板来填写相关信息，基本上就可以完成对企业的IP设计。

表3-1　IP自画像模板

IP自画像模板	
维度	品牌IP化
名字（昵称）	
头像	
性别	
公司角色	
年龄	
提供的利益/价值	
口号/签名	
社会身份	
性格	
兴趣	
星座	
故事	

企业在设计IP时，最好可以用真人形象，所以一些企业会让创始人、店长真人出镜，或者以他们为原型进行设计，实在不行再选择虚拟代言人。

当然，针对表格中提出的12个信息维度，需要分别再注意各自的特点：

1. 名字（昵称）

树立一个人格化的形象，名字是关键。我曾经做过的 一个案例品牌是蛙田技研，这是专门做居家除醛服务的企业。如果继续沿用原来的品牌名称“蛙田技研”，根本没有人格化的感觉，但是换成“蛙先生”就立马不一样了。所以在打造品牌IP的时候，名字需要遵循四个原则：

（1）简单易记，避免英文和生僻字，利于传播。

（2）能产生品牌或行业关联度。比如贝亲的“贝小暖”，完美日记的“小完子”。

（3）尽量使用人格化词汇。比如爷、姐、哥、小×、君，或者岗位名称，如××设计师、厨师等。

（4）人格化词汇应能够方便拉近距离感。如张小盒、江小白等。

2. 头像

头像的优先使用原则是真实清晰、有亲和力、重点突出。

如果是真实的人，那最好就是本人的头像。如果不方便，可以使用侧脸、背影等。如果完全不能露脸，可以采用素描或者漫画版。如果本身是虚拟人物，比如孙悟空、哪吒、熊本熊，那就直接用原有头像。

原则上我鼓励企业使用真实头像，这会更容易建立亲近感和信任感。无论是在社群里还是朋友圈，人们更愿意跟真实的人沟通互动。

3. 性别

性别这个因素要根据具体产品而定。像贝亲这种妈妈群体居多的品牌，设计女性的IP会更容易与用户谈些隐私问题。但我也曾给一家女性服装的品牌设计了一个男性IP，因为用户大多是已婚女性，于是我就设计了一个暖男的角色。这也符合当时比较流行的“男闺蜜”，该角色的人设是服装设计师，使得其男性的身份也不显得违和。后来这个IP大获成功，成功圈粉了很多已婚女性，一年创造超过5000万元的销售额。因此，IP的性别设计还是要结合产品本身和目标群体。

4. 公司角色

这个维度是必须有的。前文讲过，用户得通过IP知道“你是谁”。所以，企业在很多地方引导用户加入品牌私域流量池时，可以告诉用户：请添加我们的粉丝福利官、VIP客户经理等。

通常，IP的公司角色需要保持三个原则：自带信任或权威、利于与用户亲近、有助于商业目的达成。其中，角色的权威性有利于用户跟随。公司的角色通常有创始人、店长、掌柜、首席体验官、专家、设计师等。总之，这个角色要具有专业背景，同时不让用户产生疏离感。

5. 年龄

年龄设计最大的考虑就是不要跟用户群有代沟，尽可能覆盖用户群年龄段，能够跟用户顺利对话。年龄段的设置是为了让企业的IP能够呈现出符合用户预期的状态，也让企业内部内容运营容易把控内容尺度。在设定年龄段时，我们可以不用具体到一个数字，用“90后”“95后”等泛指即可。

比如为某汾酒品牌设计IP年龄时，我的建议是36岁左右，差不多是85后。这是因为这个IP的公司角色是品酒师，也爱喝白酒。用户群体也多是事业有成的商业人事、老板，年龄在35—50岁居多，这样一来，IP就不能太年轻，否则就会不匹配。

还有一家企业，它的用户群体是25—45岁之间的用户，女性占70%，男性占30%。这是一家自媒体公司，其产品主要是人物分析、人生哲理、情感感悟、历史文化等内容。团队把IP形象设定为25岁左右的文艺青年。这个IP画像做出来后，团队内的成员们又给了很多建议，比如这个IP太年轻，显得少不更事，没办法让用户信任，需要把年龄往上增加一点。

6. 提供的利益/价值

用户添加了IP后能得到的好处，通常是短期的利益，但也会有长期的价值。这一点我在后面章节会有具体阐述。比如，用户加贝小暖为好友，就能随时咨询育儿问题，购物享9折优惠，还能第一时间获得每月新品的试用机会，优先参加线下社交沙龙等。总之，企业要设计出IP能提供的主要服务。

7. 口号或签名

这个信息在微信里通常是指签名。每一类签名或口号都会体现出不同的个人形象。所以对于企业IP来说，口号或个性签名要尽可能积极向上，体现个性。比如，“人生没有白走的路，每一步都算数”，就可以体现出IP本人的生活态度和价值观。

当然，此处也可以写自己的定位、职称等。比如花姐。我在2016年帮助她做了IP定位，基于未来的发展目标，思考当下应该建立怎样的形象。最终总结提炼出的签名是“女性食养达人、百万花粉信任的国际营养师，‘花姐’品牌常创始人”。并且，她素净的真人头像和富有涵养的朋友圈背景图，也都凸显出了她的信任感和品牌调性。

8. 社会身份

社会身份即IP的社会角色。比如贝小暖，她既是辣妈，也是育儿专家，当然她还可以是某个公益组织的志愿者。企业赋予IP的身份一定是有价值和意义的。比如辣妈，说明她有育儿经验，平常会分享孩子方面的信息，能够赢得其他妈妈的信任和认可。

当然，社会身份是一个可选项，可以有，也可以没有。有一个合适的社会身份，可以为IP的呈现增加一个维度，增强立体感。

9. 性格

性格维度是与后期IP呈现出来的内容主题、风格、互动语气、口头禅相关的。当然，这个性格其实是品牌个性的呈现。比如，小米的品牌个性跟华为、OPPO就都不一样。这一点从各个品牌的代言人风格和形象可以得到体现。

10. 兴趣

兴趣维度在描述IP中也是非常重要的。兴趣的设定是为了跟用户创造互动话题，甚至有些兴趣本身就可以是IP的亮点和必备技能。比如我曾经给全棉时代设计IP形象，就把瑜伽和做测评这两个兴趣放了进去。在该品牌的用户群体中，一二线城市白领女性居多，棉织品本身强调的就是健康生活。IP作为一名年轻辣妈，工作自律，对自己有要求，对用品也有标准要求。而瑜伽和做测评就符合这些人设特点。

11. 星座

星座是自画像中可以丰富话题的一点。它可以帮助企业从另一个维度来呈现IP的立体形象，内容组也会根据这个创造跟用户的互动话题。比如，我们曾给一个科技品牌设计的IP形象，是一个科技发烧友，充满好奇心。结合这些特点，我们把他设计为双子座，因为他所需要的性格刚好跟双子座比较契合。

12. 故事

故事对大家理解IP人物非常有帮助。比如，要呈现一个有爱心的辣妈IP，企业需要讲述，她在街头遇见乞讨的人都会给予捐助；冬天在公司门口遇见老奶奶在卖菜，她就一口气把蔬菜全买了，为的是让老奶奶早点回家……故事的描述要注重细节，细节更易刻画IP形象，也更能产生传播性。

在实际的企业IP打造中，并不是每个IP设计都要囊括这12个维度。但是，名字、头像、性别、角色、年龄、提供价值这些是必选项。其他维度则可以让IP更加丰满和立体，不同行业需要的维度会有差异，这一点大家可以根据实际情况自行选择。

以下是我们曾经给全棉时代企业设计的一版IP自画像：

名字:李小棉

年纪：90后

头像：真人照片

角色：首席福利官、超级店长

身份：2—3岁孩子的辣妈、职场精英、动物保护协会成员。

性格：乐天派、正能量、善于交际、外向、情感细腻、朋友们的主心骨。

爱好：厨艺、艺术、偶像剧、旅游、测评对比、运动、听音乐、看美剧。

职能：VIP客户服务、解决咨询问题、定期发布福利、与用户互动。

看完这个IP画像后，我们脑海里就会自然形成一个角色：这是一个90后的辣妈，工作努力，富有爱心，充满正能量。她兴趣广泛，性格比较开朗活泼，做事果断、细致。有了这个IP形象，企业在私域流量的运营中就会有一个标准，内容组在制作生产内容时就会基于此，保持内容输出调性的统一。所有呈现的朋友圈内容、跟用户的互动，以及提供的服务，都是在不断呈现李小棉这个IP的形象。用户感受到的就是这样一个健康、积极向上的人物形象。

看到这里，大家对什么是私域流量运营中所指的IP，以及品牌IP化的具体做法，应该都很清楚了。

总结一下，打造品牌IP的核心就是回答用户心中的三个问题：你是谁？你能做什么？你有什么特点让我记住？只要把这三个问题回答清楚，再完善和丰富一下其他的维度，品牌IP形象和人设就建立起来了，剩下的就是在日常运营中不断地强化、曝光、宣传这个IP形象。

试着开启你的IP之旅吧！

第四章 连接——让更多用户主动加入

当IP有了明确定位和清晰的人设，它就能告诉用户：你是谁，你能提供什么价值，你有什么与众不同的地方。那么接下来就要开展私域运营的第二步——让企业用户认识IP，跟IP产生连接。这也就是我们常说的“吸粉”，让用户加入私域流量池。

有人会觉得发个红包、送点礼品，给出利益，就能把尽可能多的用户快速吸引进来，往往有这样想法的企业最后可能面临私域流量池虽然有用户，但用户不活跃或者没转化的问题。这样的流量池完全达不到预期效果。

私域流量的“私”字说明进入私域的用户应该是要经过选择的，而不能泥沙俱下。那到底私域流量应该吸引哪些用户加入？如何兼顾短期利益和长期价值，减少“薅羊毛”用户，提升留存？如何最有效地提高私域流量池的有效用户？这一章节就教大家如何获得更多精准、有效的私域用户。

谁应该优先进入私域流量池

当看到私域流量池中的“私域”两个字，我们就应该能够意识到这是一个特别的地方。正如我们生活中常常讲到的“私宅”“私人晚宴”“私人用品”，这些带有“私”字的词都是有特定属性的。所以，私域流量也应该是有门槛、有限制的。

然而，实际上很多企业并没有这样的意识，他们只是把私域流量池当作普通的用户池——一个可以更好地曝光品牌、做广告的地方。在这些企业看来，进入私域流量池的用户多多益善，流量池规模越大越好，甚至将私域流量池的用户数量作为考核私域运营成绩的唯一指标。像这样对进入私域流量池的人不加筛选、不加限制的企业最终大多都尝到了“苦果”：私域流量池内用户活跃度低，缺乏互动，死气沉沉，达不到预期的销售转化。不久之后团队也信心全失，做不下去了。最后不仅浪费了财力、人力，还伤害了一些用户。

下面这个故事就很好地体现了用户筛选的重要性。

2016年，有一个做男鞋品牌的老板花了一年的时间运营私域流量池，仅仅在吸引用户加微信的环节上就花了超过50万元，吸引了10万名用户。但一年下来，微信里的用户几乎没什么销售转化，用户和品牌的互动也少得可怜，完全达不到原定的预期。

我跟他聊完之后，问了一个问题：“你的产品一年正常复购率是多少？”他说：“大概在15%左右。”于是，我给他算了一笔账。

假设他给100个用户推送加微信的信息，100个人最终全部都添加进来了，他需要付出的成本是500元钱。事实上这100个人中，一年之内再复购的只有15人，也就是说另外85人不会复购，意味着425元钱的成本在这一年中没有产出价值。同理，如果是10万人，一年之内有复购可能的只有1.5万人，这部分人的获客成本是7.5万元，另外的42.5万元基本就是浪费了。

那如果换一种思维，优先找出那些复购两次或三次的用户，然后以同样的方式邀请他们加微信，后面的运营动作会不会更有效一些呢？

答案几乎是肯定的。这些产生二次消费的用户对产品和品牌更认可，他们的需求也更高，后续可能还有三次、四次的购买。其实，企业要找出这些买过两次的用户也并不是难事，关键是很多企业都没有这个意识。

所以，做好私域流量关键在于吸收对的用户。

那么，哪些是对的用户，哪些人应该被优先考虑加入私域流量池呢？我认为一家发展成熟、用户已经累积到一定数量的企业应该遵守以下三点原则：

1. 购买用户优先于潜在用户。
2. 复购用户优先于仅购买一次的用户。
3. VIP用户[1]优先于复购用户。

建立私域流量池的目的就是通过提升用户的复购频次来实现利润增长，所以企业应该优先选择那些有明确复购意愿的用户，优先去服务那些有更高价值、更大消费潜力的用户，这才是最有效的投资。

根据上面的三点原则，我把私域流量池分为潜在用户池、老用户池和VIP用户池，它们给企业带来的价值依次递增，其中VIP用户也就是后文中会讲到的“超级用户”。

企业在发展的不同阶段所拥有的上述四类用户的比重不一，所以在筛选自己的优先用户时要根据实际情况而定。如果是一家成熟的企业，比如前文提到的男鞋品牌，就要优先找到那些复购频率高的用户。如果是一家新开业的店铺，那可能就要新老用户一起加入，先建立潜在用户池。谁的价值越高，花的钱越多，企业就应该优先服务

1 VIP用户是指达到特定消费金额的高价值用户。

谁，这是最朴素的商业法则。

这类需要优先考虑的高价值用户在菲利普·科特勒教授的《营销管理》一书中被称为盈利性顾客。他特别强调，并不是所有的顾客都会为企业创造利润，企业要减少甚至停止对非盈利性顾客的服务和投入。

私域流量池是企业距离用户最近的地方，是服务用户以及与其沟通最好的地方，企业应该把位置优先留给重要用户。这一思路也将为后面培养和筛选超级用户打下了基础。

让用户自愿主动加入

中国有句古话，“以利相交者，利尽则散”。我们可以回想一下，有哪些微信号、社群是自己纯粹为了当时的眼前利益加入，至今仍保留着的。

那些因为短期利益添加的微信好友、加入的社群，等我们得到利益之后恐怕就都删掉或者退群了。反而是那些平时很少发红包、发奖品，也没有什么短期利益的微信好友或群，保留在了我们的列表里，它们往往活跃且令我们印象深刻。

前文分享的男鞋案例中，他们用了最直接的吸引方式——加微信返红包——来获取用户。刺激力度固然很大，但效果却不持久，用户很容易流失，另外也不能筛选哪些是“薅羊毛”的，哪些是真正有价值的用户。这个引流方式最终没有达到他们理想的效果。

在给企业制定吸引用户进入私域流量池的方法时，有三个原则：

1. 让用户主动加入。

2. 降低短期利益刺激。

3. 刻意放大长期价值。

当用户主动加入企业私域流量池，通常说明他认可企业的产品或服务，同时清晰、明确地知道自己能从私域流量池里获得什么价值。关键是，企业如何让用户主动加入呢？

重点在于对能给用户的短期利益和长期价值的设计。

当我们细细品味“价值”和“利益”这两个词，应该就能体会到差别。价值重在长远，而利益更偏短期。价值会让用户思考他未来跟企业的关系，而利益只会让他想到当下能得到什么。这就是两种微妙的心理状态。

短期利益决定了用户进入流量池的速度，长期价值决定了用户留存的时间。

作为企业，我们希望用户尽快加入，他越早加入进来，就能越早受到企业的影响。而同时，我们又希望他能够留存得更久，更加了解企业的产品、服务，而不是单纯为了获得红包、奖品这些物质利益。

短期利益和长期价值的配合，可以让企业既能快速吸引用户，又能让用户留存得更久。

所谓短期利益，是指企业为用户提供的一次性的服务、奖品或福利。短期利益的形式很多，比如加微信返现金红包，红包就是一种短期利益。因为红包属于普适性奖励，人人都会需要，无法精准筛选出合适企业的目标用户。所以，企业在选择短期利益的奖励时，最好是选择能够跟企业产品、人群属性有关联度的奖励。比如，一个蓝牙耳机的品牌可以给每个加入的新用户赠送一个月网易云音乐的VIP资格；一家蛋糕店可以给添加店铺微信的用户赠送一份小蛋糕。这些提供的都是和自己品牌、产品有关的利益。再比如，一家售卖1—4岁母婴辅食产品的商家，给加入私域流量池的妈妈提供一套适合1—4岁儿童看的绘本。虽然商家并不卖绘本，但绘本却是跟它的目标人群相关的产品。

相比短期利益，企业在提供长期价值上所花的精力应该要更多一些。

那什么才是企业应该提供的长期价值？企业又该如何找到这些长期价值呢？

这里所说的长期价值，是指企业能为用户提供的长期的服务和优惠，至少以一年为单位。比如终身的售后服务、全年包邮寄送、免排队、全年全场9折优惠等。

因为长期价值会持续存在，用户如果意识到自己在未来需要这些价值，他就会在企业的私域流量池里长期留存。

如何找到企业能够为用户提供的长期价值，常用的方法是还原用户的整个消费路径，从企业能提供的长期服务和长期优惠两个维度来进行挖掘。

通常，一个用户在网店或线下店的消费路径如下：

1. 客户进店（网店/实体店）。
2. 咨询客服（导购）。
3. 询问优惠或活动。
4. 购买下单（含支付）。
5. 物流快递（线下提货）。
6. 售后服务。

当然，有的企业会喜欢按照售前、售中、售后三个环节来拆解用户的消费路径，但基本的流程都是一样的。

下面我们一起来看看这六个环节中，每个环节可能隐藏的长期价值有什么。

1. 客户进店

2020年年初，受新冠疫情影响，线下实体店不能开了，于是不少实体店老板就把店铺运营转到了微信上。如此一来，用户不用到店，也可以挑选产品并购买。所以，一些企业就邀请用户添加微信或进微信群，让他们足不出户也能购买商品。此时，加入私域流量池就等于获得了一个便捷选购产品的渠道，这就是一种长期价值。

所以，店员或客服可以试着告诉客户：如果您觉得我们的产品不错，可以加入我们门店的微信群，需要什么产品，都可以在小程序商城直接选购。那些真正有需求的客户，可能就会主动加入进来。

2. 咨询导购（客服）

不论是实体店还是网店，用户能够通过微信跟客服或老板随时沟通，无论是售后问题还是咨询产品都更加方便。用户不用打电话或亲自到店，随时随地都能解决。这就是私域流量池提供的沟通方面的长期价值。

这一点在生活中，尤其在看病的情境下最为明显。我的牙齿曾出现过问题，后来去一家口腔诊所治疗，治疗过程中经常遇到一些问题，需要找医生咨询，总打电话实在不方便。后来我干脆加了牙科医生的微信，这样一来，有什么问题沟通起来就很方便了。

3. 询问优惠或活动

这里会有两种情况。一种是用户购买前往往会问最近有没有优惠券，这时候商家可以告诉用户，如果加入私域流量池，就能拿到优惠券。还一种情况是用户并没有特定的购买需求时，商家可以告诉用户，加入私域流量池，会不定期有优惠券或优惠活动通知。这两种方式都是对用户有利的。比如，某家华莱士门店曾经建了一个老客户微信群，凡进群的老客户堂食一律享受8.8折优惠，并且3公里范围内，可以在群里点外卖，无须配送费。长期的8.8折优惠和群内点外卖无须配送费，就是他们为用户提供的长期价值。

4. 购买下单（含支付）

在购买成交环节，企业可以在私域流量池为客户提供长期便捷的下单渠道，让他们不用去淘宝、微商城走那些麻烦的流程。这一点可能对小微个体更适用，比如线下店或微商。

我太太经常去的一家美发店，正常情况下需要在大众点评上预约，然后等待店家确认后才算预约成功。后来我陪她去了一次，发型师主动添加了我的微信，告诉我以后可以用微信预约。预约、下单这些操作都可以在微信上完成，往后只要打个招呼，随时都能过去，方便了很多。

5. 物流快递（线下提货）

对于不同的企业，这个环节也是可以挖掘出不同的长期价值。比如，我的团队曾为一家钻石品牌提供顾问服务。我们帮他们设计了一项长期价值：当VIP客户加入私域流量池，可以在这里免费享受一年两次上门取件的服务。为什么这个服务很有价值呢？因为这些VIP客户需要定期对钻石、珠宝首饰进行特殊清洗。过去都要先电话预约，再去门店清洗。现在只要加入私域流量池，足不出户就能享受。

6. 售后服务

针对高价值产品或需要长期投入维护的产品，比如培训类产品，售后服务环节就会有较多的长期价值可供挖掘。我的团队曾服务过一家蓝牙耳机的企业，他们在售后服务卡中就明确告诉用户，添加微信就可以对蓝牙耳机的充电仓延保一年。要知道，充电仓对蓝牙耳机来说是非常重要的配件，这就是一个长期的刚性需求。

以上六个用户消费的环节，只是通用的例子。事实上，每个企业的产品不同、服务不同，用户获得产品和服务的流程也不尽相同。因此，企业能提供的长期价值也有区别。

比如，餐饮企业可以为用户提供免排队、在线提前预约、外卖点餐等服务。而服装品牌企业则可以提供免费的穿搭建议、VIP服装定制、免费试穿等服务。这些长期价值都是从用户享受产品和服务的需求流程来设计的。

除此之外，我们也可以单从优惠角度设计长期价值，比如全年9折消费、每月可免费领取100元优惠券等。

2019年，我为贝亲设计吸引用户加入私域流量池的方案时也采用了优惠类的长期价值，如每个月筛选一定名额用户免费试用新品、每月提供一定金额的优惠券。

不管怎么样，企业要尽可能围绕自身的产品、服务来设计长期价值。

当设计好短期利益和长期价值，企业就可以协调渠道，准备推广物料了。物料包括包裹里面的邀请加粉卡、门店里的台卡、短信的引导文案等。

在引导用户加入私域流量池时，企业不能仅仅告知加入进来能获得短期利益，还要重点向用户讲清楚能够提供的长期价值，让用户深刻地记住未来企业对他的价值。

并且，当用户进入私域流量池，比如添加完企业的微信或进入到群里，企业应该第一时间主动跟用户打招呼，介绍“我是谁”“我能提供的长期价值”，并询问用户现在需要什么帮助。这就是充分重视第一印象，利用首因效应[1]的做法。但不少企业仍会忽略这一点，错失跟用户建立良好关系的机会。

由于家里的衣柜是索菲亚的，我就添加了他们的工作人员微信，在验证通过之后，立刻就出现了这样的消息：

晏涛三寿，我是您的索菲亚定制顾问×××，如果您想了解索菲亚的优惠活动、产品信息，或者预约设计师，可以随时联系我，还可参与1元秒杀200元优惠券的活动！

对方在这条打招呼的信息里强调了她能提供的长期价值，比如了解优惠活动、产品信息、预约设计师这三项。这样一来，就会比一声不吭的体验好很多。

活用场景化思维提升用户的关注率

设计好了短期利益和长期价值，相当于找到让用户加入私域流量池的理由和动力。接下来要做的就是把这个理由和动力告诉用户。

就像没人会在喧闹的环境下表白一样，企业需要在正确的时间、正确的地方告诉用户加入私域流量池的好处，这就涉及了场景的设计。

1 首因效应是指最初接触到的信息所形成的印象对人们以后的行为活动和评价的影响。

事实上，很多企业老是抱怨用户从公域到私域的转化率差、添加很困难，很有可能就是场景设计出了问题。

举个让我印象深刻的例子。曾经有个电商企业的老板跟我诉苦，他们每天能发出3000多个包裹，每个包裹里面都放置了邀请用户添加微信的卡片，并且卡片上也清楚地写明了短期利益和长期价值，可是用户主动添加的情况总是不好，每天只有30—50个用户来添加，转化率只有1%—2%。他想知道问题到底出在哪里，该如何解决。

听完他的抱怨后，我让他给我拿一个准备发出去的包裹看看。当我拿到包裹，拆开包装，发现他们放置的引导加粉卡片比扑克牌还小一号，纸张还没扑克牌好。

我还原了用户收到包裹、拆包裹的场景，就知道他们的问题出在哪里了。

当用户收到包裹后，他们拆包裹时注意力主要在产品上，这时候往往会忽略包裹里的其他东西，尤其是那个不起眼的引导卡片。也就是说，很多用户并未关注到那张卡片，更没有仔细去看上面的短期利益和长期价值。

如果要增加用户的关注率，就必须让用户先看到引导添加的卡片。这就是问题的关键所在。

我提出了一个方法，首先把卡片设计得再精美一些，然后放进一个红包里，这样一来就变得显眼了。而且红包这一外观会引发用户的好奇，只要打开红包看到卡片上的长期价值和短期利益，就增加了他成为私域流量池用户的机会。

果然，他们用这个办法尝试了一周之后，每天引导用户添加的转化率提升到了10%，也就是一天能吸引300个客户添加。

这就是一个典型的缺乏场景化思维的案例。企业老板只是知道每天寄出去了3000个包裹，以为用户都会看见。其实他没有考虑到用户在收到包裹时，用户最关注的是什么。场景化思维，就是要设身处地去理解用户在那一刻的关注点、注意力在哪里、需要什么。

如何提升用户关注率，进而提升从公域到私域的转化率，有三个关键因素：渠道、动力和场景设计。渠道是企业能够触达用户的通路。动力是前文中设计的长期价值和短期利益的组合方案，是用户进入私域后才能得到的好处。企业要结合渠道的特点，来设计吸引用户加入的文案、话术和呈现物料。

上述案例中，包裹就是渠道。考虑到用户场景，所以我选择“红包+卡片”组合成引导添加物料，最后构成了引导用户有效添加的方案。

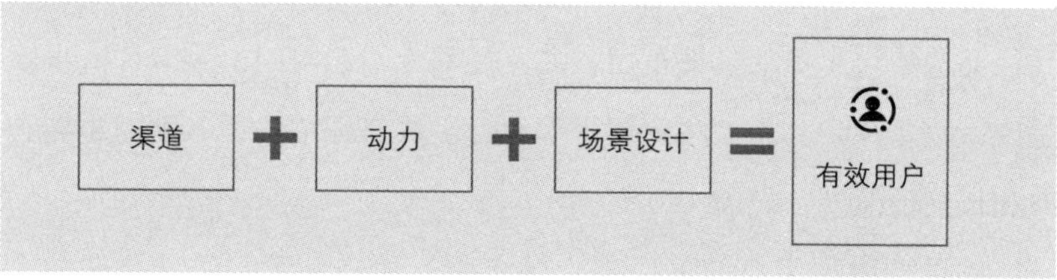

图 4-1　引导用户有效添加的公式

场景设计就是在运用场景化思维，那什么是场景化思维呢？这时候我们需要先理解场景。场景就是在什么时间、什么地方，谁（目标群体）做了一件什么事。简言之，场景就是时间、空间、人物、事的组合，我称之为场景四要素。

场景化思维就是把自己放到那个场景里，设想自己会有什么动作和反应，然后推己及人，思考用户会怎么做。从而验证和推理设计的

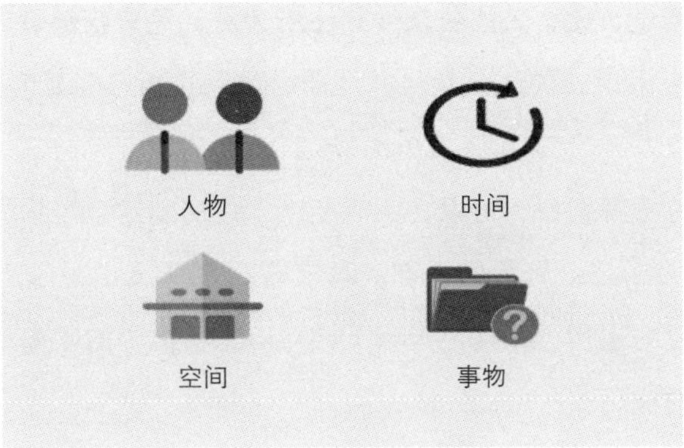

图 4-2　场景四要素

合理性，更好地调整方法，最后达成预期效果。

以一家酒店的推广为例。酒店跟用户有很多接触场景，比如前台、房间送餐、房间清洁、餐厅用餐、离店手续办理等，每个接触机会都可以引导用户加入私域。但同一种引导方式并不是在每个接触点都有效。

比如，我曾在入住酒店后，看见酒店的宣传单页上写着“关注公众号并注册会员，房费立减100元”。

可是在房间这个场景，我已经住进来了，这个时候没办法再省掉100元钱。所以，这个单页放在房间这个场景就没有效果。这体现了时间、空间与所提供的短期利益不匹配。

试想一下，如果你是这家酒店的推广经理，现在要继续在房间这个场景吸引用户关注公众号，怎么修改该方案？

这个问题，我曾多次放在课堂上让学员们练习，许多学员给出了很好的答案。

有的学员说，关注公众号并注册会员，免费获赠一份价值58元的水果；有的学员说，关注公众号并注册会员，免费获赠第二天的早餐一份；还有人说，关注公众号并注册会员，可以享受延时至下午2点退房。

这些方案都很好，可以在不改变已入住房间这个场景的前提下，通过调整关注公众号后的短期利益实现目标。无论是送水果、送早餐，或者延时退房，都是用户当下或接下来所需要的服务。这就是场景化思维的应用。

这是改变利益点（动力），从而提升用户加入私域流量池的方法。

此外，企业还可以通过调整渠道的场景位置，来提高用户对私域流量池的关注率。我曾经看到一些餐厅把引导添加微信的公告牌子放在门口，上面写着：添加微信获得××礼品。

其实门口不是一个很好的引导添加的场景位置，试想要进店吃饭的人，他会停在门口等加完微信再进去吗？

在门口，用户都会下意识快速通过，避免堵门。而如果不是想来吃饭的，就更不会考虑加门店微信。所以说，作为用户添加渠道的场景位置，门口显然是不合适的。

那在餐厅里的什么场景中用户会有足够时间来加微信、获得礼品呢？应该是用户坐下来点餐的时候或点完餐之后。

餐厅可以在桌上放置桌卡水牌，写上添加微信的好处。或者点餐服务人员可以在顾客点完餐之后借机跟用户介绍进入私域的好处，引导用户加微信。这两种场景位置会比门口要合适得多。

除了改变利益点、调整渠道的场景位置，人物的要素在场景化思维中也同样不容忽视。企业需要根据不同人群进行不同话术的引导。

我曾经给一家钻石品牌提供私域增长服务。当时我在思考，怎样提高门店顾问添加微信的成功率。经过讨论设计，最终企业一共准备了六项长期价值给用户：

1. 免费享受求婚、纪念日、生日三大私人定制服务。
2. 全国市区免费上门取件，享受首饰保养、维修服务。
3. 一站式预约VIP售后服务。
4. 任意门店享有茶饮、手部spa、美甲服务。
5. 月月享免费试戴钻饰新品机会。
6. 年年享专属定制生日礼。

虽然六项长期价值都非常诱人，但我们团队认为，应该针对不同的用户有侧重地进行介绍，毕竟六项价值全部讲完，时间有点长，而且每个用户并不会对这六项都有需求。运用场景化思维，我们对不同用户进行了细化区分：

针对年轻未婚用户，重点介绍可享受免费求婚、婚礼策划的定制服务。

针对购买贵重的钻石的老用户，重点介绍全国市区免费上门取件，享受首饰保养和维修服务。

针对年轻时尚的女性，重点介绍一站式预约VIP服务和门店美甲或spa服务。

经过这样精细化的考虑，门店顾问不用把六项价值对每个顾客都讲一遍，只需要根据不同的顾客选择性地介绍即可。这也是场景化思维的应用。

不同渠道，不同的地点，不同人群，不同时间，都会构成不同的场景，这就需要有不同的设计和呈现方式。运用好场景化思维能够有效提升用户从公域到私域的加入转化率。

全渠道吸引用户加入私域流量池

常常会有企业问我，最有效地引导用户加入私域的渠道是什么？是短信好，还是包裹引导好？

面对这样的问题，我实在难以回答。因为这些问题都没有前提条件。对电商企业而言，最有效的渠道也许是包裹和短信。但如果是一家线下门店企业，最有效的是门店导购的引导。如果是一家餐厅，最有效的渠道则是在结账时告诉用户，加入私域直接享8折优惠。不同类型的企业情况会有所不同。

至于是短信好还是包裹引导好，这要看企业如何平衡。短信可以针对过去的用户进行群发，效率高。而包裹只能引导当下或未来的用户，并且规模有限。在如今这个时代，所有企业都应该全域全渠道地引导用户加入私域流量池。而所谓全渠道，无非就是线上线下相结合。

以下，我以微信个人号和公众号为例，总结了线上和线下的28条加粉方法。至于微信群、微淘等其他渠道，方法也是可以变通后适用的。

线上引导添加私域流量池的方法

1. 新用户下单之后，立即短信提醒用户已发货，并告知添加微信，可获得××服务或奖品。

2. 给老用户群发短信引导添加，可配合有奖活动、促销活动。

3. 公司App、官网、小程序商城的首页、商品页、文章页放置微信二维码引导关注。

4. 产品包装盒或产品本身上放置微信二维码，引导用户添加。有个做空气净化器的企业，就把客服的微信二维码印在产品上，便于用户随时联系。

5. 在企业旺旺群、QQ群、京东咚咚群等发布信息，吸引用户添加微信。

6. 给所有用户群发邮件，告知他们加入私域流量池的价值和利益，引导添加。

7. 通过微博活动引导用户添加微信，如果吸引的都是潜在新用户，则引导至潜在用户私域池，需要对用户进行区分。

8. 在户外广告上放置微信二维码，比如在电梯广告中引导用户加微信，领奖品。

9. 利用短视频传播，在视频中植入微信二维码，吸引用户加微信。如果吸引的是潜在用户，同样要注意导入不同的用户池。

10. 添加行业或目标用户相关的QQ群、微信，定期分享内容或推送活动，引导关注。

11. 寻找异业合作，在各自私域流量池内互推对方的微信，也可以用赞助奖品的方式合作，换取露出机会。

12. 有推广预算的企业，可以利用腾讯广告、百度付费推广来寻找用户，并引导添加微信。

13. 通过裂变活动来扩大用户规模，并引导用户添加微信。

14. 利用公众号来引导添加微信，比如公众号菜单栏自动回复，文章内页引导，都可以吸引用户添加微信。

15. 利用抖音的评论区留言，引导用户添加微信。

16. 利用抖音的私信消息，邀请用户添加微信。

17. 利用电商客服的售前、售后咨询引导用户添加微信。

线下引导用户加入私域流量池的方法

1. 线下地推，在广场、地铁口、小区门口引导添加微信，即可享价格立减或获得礼品。

2. 在企业的所有宣传物料上印制微信二维码，引导添加，如名片、DM册等。

3. 在实体店内，导购引导客户添加微信。

4. 实体店内的宣传海报、桌贴等引导添加微信。

5. 线下市场活动、会议沙龙引导用户添加微信。

6. 电话邀约重点客户，引导他们添加微信。

上面罗列的这些引导方法，没有特意区分哪些用户应该优先进入，但企业在使用时还是要结合前面讲的优先原则，建立潜在用户池和老用户池。

老用户是企业重要的资产。唤醒和激活其中的沉睡用户，对企业经营私域流量非常有帮助。不过，对于沉睡很久的老用户，激活他们的难度会比较大。因此，企业可以按最近一次购买的时间来筛选，比如优先激活1—2年内的老用户。对此，我也总结了一些激活和加粉方式。

激活老用户加入私域流量池的方法

1. 通过短信关怀

企业可以利用端午节、中秋节、周年庆等机会，给老用户发送关怀短信，并准备一份特别礼物，引导用户添加微信领取。

2. 邀请参与调研

企业可以定向邀请过去有多次复购的用户进行有奖的产品调研和反馈，再次跟他们建立联系。

3. 举行线下沙龙

企业可以邀请老用户参与线下回馈沙龙或知识分享沙龙。

4. 寄送定制礼物

企业可以为一些过去贡献价值较大的老用户提供定制礼物，成本根据情况控制。比如，直接将礼物寄送到客户家里，然后电话跟进，引导他们加入微信。

5. 新产品试用邀请

企业可以针对过去活跃的老用户提供新品付邮或免邮的体验机会，这样既让老用户真正获得福利，又能够唤醒他们对企业的记忆，挽回一拨老用户。

今天，很多企业开始建立自己的私域流量池，引导优质用户进入。这是一个长期的、持续的用户运营工作。企业不能不加筛选地接纳所有用户，更不能急于求成，而是要有策略、有方法地进行，这样才能在私域流量池里沉淀有价值的用户。

在吸引用户进入私域流量池，企业应该尽可能做到全渠道的推广，不能仅仅依靠某个单一渠道，按照这一章讲到的原则和方法来实践，相信企业一定会越做越好。

第五章　促活——不断增加用户信任

有效用户进入私域流量池，并不代表私域运营就成功了，还要保持他们的活跃度。因为没有活跃度，就没有信任，未来也就没有成交复购。

促活环节，是私域流量最重要、最花精力的地方。它不是一个单点的工作，而是需要多个维度，比如内容、活动、服务等，组合起来共同为用户创造价值，才能最大化保持用户活跃度。

促活的过程就是不断地赢取用户信任、深化信任的过程。这就好比我们在往企业跟用户的情感账户存钱，存得越多，未来能支取的就越多，能消费的也越多。

这一章我就来告诉大家应该从哪些方面保持用户活跃度，以及具体的方法。

促活用户的前提与方法

活跃度是私域流量运营非常重要的指标。只是把用户吸引过来沉淀在私域流量池，却不能促进他们的活跃度，那私域流量池很快就会变成一潭死水。没有活跃度，就没有黏性，更谈不上销售转化。

可以说，促活是整个用户运营过程中最核心的工作。促活的终极目标是不断地强化企业跟用户间的信任，以及用户对企业的记忆，然后将其变现。

很多企业在促活上花费大量力气和心思，最终却收效甚微，因为他们很少去反思源头——自己正在努力促活的到底是不是有效的用户。第四章讲到的“连接”，就是要让真实有效的用户进入到私域流量池，这是整个私域运营成功的基础，否则后面做的所有工作都可能是低效甚至无效的。

在私域流量池都是有效用户的基础之下，要实现促活的目的，还要满足两个前提，一是在私域流量池里提供价值，二是在私域流量池里有足够的曝光。

所谓价值，是指企业做的运营工作，从出发点上应该思考是不是利它，也就是对用户是不是创造了价值，而不是只想自己。比如，企业要发一条朋友圈，重点要思考的是这条内容会给用户带来什么价值。它创造了开心一笑的价值、增长了知识，还是提供了价格优惠?

管理大师彼得·德鲁克曾说，企业的唯一使命就是创造客户价值。促活的目标也是这样。企业要尽可能让每个动作都对目标用户产生价值，因为没有价值就没有存在的基础，没有依赖，那用户为什么还要留在私域流量池呢?

所谓曝光，是指企业要不断让用户看见，加强他们的记忆。正如一些明星，如果长期没有曝光量，慢慢就会被观众遗忘。企业要想在市场中活得更好，就需要有曝光宣传。如今新的竞争者越来越多，企业一旦缺少曝光，用户很可能就会被竞争对手抢走。

关于曝光的重要性，有一个让我印象深刻的例子。我的一个朋友经营着一家麻辣烫小店。有一次他跟我讲，自己现在每天中午11点30分准时在朋友圈发菜品宣传，当天中午的收入就会增加35%，同样下午5点再发一次，晚上的营收也会有20%的增加。不过当时的他并不知道私域流量是怎么回事。我后来跟他分析，销售额上涨跟他中午和下午发朋友圈有关。因为那两个时间段是午饭和晚饭时间，而有些用户并没有决定吃什么，这个时候刷朋友圈刚好看到他的内容，进而会选择过来消费。

满足了提供价值和充分曝光这两个前提，企业大体可以通过四种方式来保持私域内的用户活跃度，它们分别是内容运营、用户互动、活动运营和社群运营。

内容运营是通过创作图文、视频内容等跟用户产生沟通。企业通过呈现品牌IP的生活、专业、态度来塑造一个有血有肉的品牌IP形象，最终和用户建立信任。内容运营不仅仅适用于朋友圈、微信群，还可以应用到抖音、快手等内容平台。

用户互动是指企业要及时、有效地响应用户，包括用户主动咨询问题时的及时答复，朋友圈点赞、评论等。企业需要把这些互动的动作标准化、流程化，形成服务制度，而不是当作杂乱无章的随机动作。

活动运营是通过策划不同主题、不同形式的营销活动来吸引用户参加，增加用户黏性。在私域运营中，我常常会遵循一个活动标准——“两小一大”。每个月企业策划两场增加用户黏性的活动和一场促进销售的活动，这样就可以保障尽可能多的用户参与进来。

社群运营其实包含了上面三种方式，但由于其特殊性，我将它单独列为一种促活方式。目前的社群主要是指微信群，也包括像小米社区、海尔社区这样的大型网络社区。这些地方都需要有方法和有策略地运营。

这四种促活的方式适合任意一类私域流量池，包括公众号、个人微信等微信生态的私域流量池，淘宝生态的私域流量池，以及各类App等。

如果企业可以认真地用好这四种方式，用户的活跃度会保持得非常好。哪怕只做好其中的一至两种方式，也可以有不错的效果。

比如，孩子王的私域流量池用户就很活跃，主要依赖于他们的社群运营和活动运营。他们在全国有近1万个社群，每个群都安排专人运营、值守，因此群内互动和回复都很及时有效。并且每家门店每年平均会做1000场活动，他们会邀请很多忠实用户参与，这些都保持了用户的活跃度。

这也告诉我们，保持用户活跃度，关键要抓住并且做好最基本的内容，成功非遥不可及。

接下来，我就以微信生态的私域流量为例，以个人微信号、微信社群为代表，展开讲讲如何掌握内容运营、用户互动、活动运营和社群运营这四种方式。这些方法、思路和具体技巧，在线下门店、App、淘宝品牌号、微淘等场景中也同样适用。

如何通过内容运营促活用户

有人说，所有的公司都应该是一家内容公司。虽然这句话有些夸张，但善于制造和生产优质内容，的确更有助于公司发展和品牌的传播。从新浪微博时代开始，企业大量开通官方微博账号，到公众号时代，企业大量开通公众号，再到现在抖音、快手等短视频平台兴起，很多公司又相继开通了视频官方账号。这些社交媒体平台无一不是内容平台。从微博140字的短内容，到公众号的图文长内容，再到今天的短视频，这些都是内容。

对企业而言，通过内容运营促活，主要会产生三方面的价值。

内容可以创造曝光，一定频率的曝光是保持活跃度的重要前提。

内容比直白的硬广更容易为用户所接受，进而深化用户的信任。一个内容可以被分发到微博、微信、小红书等各个渠道，同时它还有很多种呈现形式。比如一段话、一个故事、一篇文章、一个视频等等。它或许让人开心，让人有共鸣，让人得到启发，让人长知识，但不管怎样，内容创造的价值感会拉近企业跟用户的关系，从而强化彼此的信任。

比如，当你因为新冠疫情的影响正面临生活的低谷，突然在朋友圈刷到某个商家老板发的“凡不能将我杀死者，必将让我更强大，挺住意味着一切”而顿时充满正能量，这一刻的你就是与发这句话的人产生了共鸣，进而加强了对他的信任。

内容可以提醒消费。很多时候我们不去某个商家那里消费，并非我们没有需求，很可能是忘记它了，或没有被激发起需求。比如，周末的中午，正当我们不知道午餐要吃什么的时候，突然看到了朋友晒的在海底捞吃火锅的照片，可能立马就会做出“去吃海底捞”的决定。这就是我们的需求被唤醒了。所以，如果我们订阅了海底捞的微博、公众号，或是加了店长的微信，此时刚好收到更新的海底捞信息，同样也会被提醒，激发出消费需求。

了解了内容促活的重要性，那么企业该如何通过内容运营正确促活呢？

研究了那些在内容运营上获得巨大成功的个人和企业后，我发现他们有着一些共同特点。不论是罗辑思维、Papi酱、年糕妈妈还是李子柒，虽然他们用不同的内容形式获得了成功，但他们无一例外都符合五个成功的标准，那就是**内容有规划，语气说人话，数量有计划，时间有规律，栏目有策划**。

企业发布的所有内容，都应该基于品牌IP有规律地设计，而不是无序混乱或随心所欲的。总的来说，企业可以将发布的内容，以品牌的IP为中心划分为三大模块，如图5-1所示。

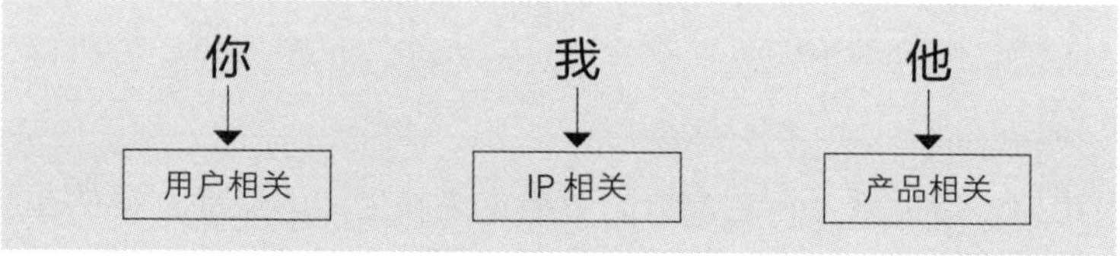

图 5-1　内容的三大模块

“你”是指跟企业的用户相关，且有利于用户的信息内容。这一内容跟IP本人和公司无直接相关性。比如，新冠疫情如何防护？职场上如何获得成功？再比如，最近的热门电影排行等。这些内容都是利他的，可以帮助用户获得知识。

“我”是指和品牌IP相关的内容。比如IP是老板、店长或设计师，那企业就可以更新一些生活化、个人化的内容。如中午吃了什么大餐，最近去了哪里参观，对某个综艺节目的评价等。总之，这些内容突显的是IP个人化的一些信息，可以让用户看到IP的另一面。

“他”是指一切跟公司产品相关的内容。比如新产品的卖点、工艺设计、公司最近的促销活动和优惠、公司员工的好人好事、公司在行业的新闻等。总之，这些话题离不开公司、产品、服务、员工、企业新闻、企业文化等。

下面，我们就来看一下这三个内容模块的一些具体案例。

用户相关的内容

虽说不同企业的目标群体所关注的内容不一样，但他们大致会有新闻、知识、热点事件、电影娱乐等普遍关注的内容。

比如，2019年很火的电影《中国机长》曾掀起全民热议。在那个节点上，企业品牌IP这个角色，就可以发表一些自己的观后感。

这种内容就是和用户相关的话题，因为大多数用户可能都看过这个电影，于是通过《中国机长》这个话题，企业IP就能和他们找到共同话题，产生共鸣，还会吸引一些用户留言。

除了上述普遍的内容话题，在其他内容话题的选择上，企业还是要围绕IP针对的目标用户群体——企业的客户——来规划主题。

个人 IP 相关的内容

个人IP相关的内容，目的是呈现IP的生活方式、观点态度、日常动态，让用户全方位地了解“我”的私下状态。企业可以通过生活化的场景，创造与用户的共鸣，引起互动。

生活化的内容主题非常多，具体会根据IP不同的自画像而有所不同。但通常企业可以围绕IP的生活日常、工作学习、休闲娱乐、生活态度等来呈现。这些多维度的内容会让IP更加接地气、更鲜活、人性化。比如曾在第三章中讲到的李小棉的案例，她的IP自画像如下：

名字：李小棉

年纪：90后

头像：真实人

角色：首席福利官，超级店长。

身份：2—3岁辣妈，职场精英，动物保护协会成员。

性格：乐天派，正能量，善于交际，外向，情感细腻，朋友间的主心骨。

爱好：厨艺，艺术，偶像剧，旅游，测评对比，运动，听音乐，看美剧。

职能：VIP客户服务，解决咨询问题 ，定期发布福利，与用户互动。

基于这个自画像，我们会看到，作为一个2–3岁孩子的妈妈，她会在朋友圈分享育儿知识。比如，我的育儿小经验：最近在教宝宝这首儿歌，本来是想促进宝宝的语言发展，意外发现对宝宝吃饭也有帮助。喂饭的时候她会要求把米饭都刮干净，一碗饭吃完后她会指着干净的饭碗，很有成就感！

同时，她也是一位充满正能量的90后辣妈，所以她会发一些积极向上的微信内容，与用户共勉。而这些内容，正代表着她对待生活的心态和价值观。比如，看到很棒的一句话：喷泉之所以漂亮，是因为它有压力；瀑布之所以壮观，是因为它没有了退路；水之所以能穿石，是因为永远在坚持。人生也是如此，献给每一位努力奋斗的人！

当然，她偶尔也会搞笑风趣，发一些与同事有槽点的日常对话，娱乐自黑一把。这也是对她人设的呈现。

比如，我对婷婷说：下班一起去看《海王》吧！

后面一位同事问：海王八？啥东西？这是什么奇怪的物种？

传统微商把微信内容单纯理解为广告，于是我们看到了刷屏式的广告信息。但事实上，如果企业要进行品牌IP化，不论是微信内容还是在其他平台的内容，都应该是对IP有血有肉的呈现，不该全是企业官方组织的口吻，而是一个有个性、有态度的人讲出来的话。这些内容是有立场的、有感情的。

产品相关的内容

IP作为人格化的个体，除了是一个有血有肉的人，还是一个公司的代言人。它可以通过自己的口吻与用户沟通互动，发表方方面面跟产品相关的内容，比如产品工艺、设计、优惠活动、用户口碑、品牌故事、公司动态等。

比如，一家珠宝品牌的IP更新的产品相关内容从旁观者的视角描写了技师的日常工作，从侧面反映出企业产品的匠心和工艺。它的文案是这样的：

去门店选货，记录了一下技师的工作日常，每一步都凝结了珠宝技师匠心的精湛技艺。成千上万枚悉心打磨的精致钻饰，彼此巧妙衔接，焕发灵动神韵（配上一张技师用镊子夹原料的图片）。

通过这三个模块，企业就建立了围绕品牌IP的内容基本框架，但这个框架内的内容质量是否真的好，对企业来说又是一大考验，这需要企业的内容运营人员掌握一些创造原则和技巧。

企业发布内容的本质上是建立沟通，赢得信任，最终促成交易。不论是朋友圈、微博上的短内容，还是公众号、知乎上的长内容，但凡能够引发用户传播或者购买的“好内容”，都具备以下三个特点。

第一，好的内容与广告是共生的。广告长在内容中，内容本身也是广告。比如当年薛之谦和高磊鑫复合这个网络热点，一时间无数品牌借势，图5-2是肛泰的微博文案，写得就很巧妙，做到了内容与广告的融合。

图 5-2　肛泰的微博截图

肛泰极具趣味性和传播力的内容，配上这形象的图片，在当时获得了非常好的转发传播效果。

第二，好的内容可以跟用户产生共鸣。共鸣可以让用户产生信任，仿佛找到知己。这一点，江小白做得很好。江小白开创了表达瓶的概念，它那些扎心、走心的文案让喝的每一瓶酒都充满故事，深得年轻人的喜爱。比如“我们那些共同的记忆是最好的下酒菜”“跟重要的人才谈人生”“没有过不去的事情，只有过不去的心情”等。

第三，好的内容就像读一个故事，会让人有画面感并产生情感认同。这样的内容通常不是短内容，而是长内容。比如农夫山泉在2015至2016年拍了大量的微电影宣传品牌，很多微电影都不是直接讲产品如何，而是在讲人的故事。看完之后就会让人有一种代入感，最后让消费者相信农夫山泉真的是大自然的搬运工，水质很安全。再比如当年的褚橙，被称为励志橙，也是取自褚时健传奇的一生：他70多岁再度创业——种橙子。十年磨一剑，2400多亩地结出累累硕果，是褚老10年心血的结晶。褚橙是一个品牌，更是一个传奇故事。

有了内容框架和好的内容，接下来企业就需要制定更详细的内容运营规划表，以保证私域流量的内容运营标准化和系统化。在这个规划表里面，企业可以对内容板块、栏目、形式、目的及频率做更细致的规范。下面这个内容运营规划表，就是根据一位90后的年轻男性IP形象而设计的，可供读者参考。

表5-1　内容运营规划表

模块	内容板块	具体内容思路（部分示例）	形式	目的	频次
IP相关	生活日常	1.聚会。如朋友、家庭聚餐等。	图文、视频	体现高质量的生活，以及乐观积极的态度。	每日1次
	公益相关		图文、视频		每日1次
	兴趣爱好		图文、视频		每周5次

（续表）

模块	内容板块	具体内容思路（部分示例）	形式	目的	频次
用户相关	生活类内容		图文、视频		每周1次
	热点话题、热剧风险、国际事件、娱乐八卦等		图文、视频		每周1–2次
	干货分享		图文、视频		每周1–2次
	微信好友互动		图文、视频		每月1–2次，视情况而定
产品相关	产品介绍		图文、视频		每月1–2次
	品牌活动		视频		每月1–2次
	达人分享		视频		每月2次
	用户反馈		图文		每月1–2次
	粉丝福利		图文		每周1–2次

企业的内容规划表最好是以内容创作人员为主，整个私域运营团队一起来参与讨论制定。这个过程其实也是在加深大家对品牌、对IP形象的理解。只有当大家对IP形象深入理解了，才能把这个形象在运营中更加鲜活地呈现出来。

对于每个模块下的具体内容板块，可以根据IP形象以及目标用户的特征、喜好进行设定。

如果单从微信朋友圈来讲，内容的更新频率，我建议5–8条/天为宜，每天发布的时间可以根据微信粉丝的活跃度安排，最终排期可以根据目标人群的实际情况进行测试微调。表5–2是一个常用的朋友圈发布的时间规划，大家可以参考。表格中的1代表有内容发布，0代表无内容发布。

表5–2　内容发布时间规划表

日期/时间	8:00	10:30	12:00	15:00	18:00	20:00	21:00	22:30
星期一	1	1	1	1	1	1	1	1
星期二	1	1	1	1	1	1	1	1
星期三	1	1	1	1	1	1	1	1
星期四	1	1	1	1	1	1	1	1
星期五	1	1	1	1	1	1	1	1
星期六	0	1	1	0	0	1	0	0
星期日	0	0	1	1	0	1	0	1

当然，内容具体数量和发布时间点，每家企业还要根据实际情况来定，重要的是要形成自己的计划和规律。就像一本杂志每期有多少篇文章，一个电台每天有几档栏目，都是有规律的，企业发布的内容也不能一天多一天少。在时间上，一方面要符合规律，比如已经下午3点了，就不要发一张中午和同事午餐的图片，描述午餐吃饭的情景。另一方面要保持规律，比如策划了一档跟用户互动的小游戏，计划放在每天下午3点，那就不能随意变动。规律化的内容最容易让人记住，所以不论是短视频内容、公众号内容，还是朋友圈内容更新，成功的内容运营必须确定基本规律。

除此之外，企业还可以有意识地策划一些有创意、容易被用户记住的栏目。这和电台或者杂志定期策划一些重大栏目类似，是为了让用户更清楚的记住IP的特点。有记忆就会更容易促进用户活跃度。

比如，曾经的微博话题“春哥下午茶”就是品牌人格化IP——春哥跟用户们的日常趣事聊天时刻。有一次，春哥就讨论了一个非常有趣的话题，关于自来水洗水果到底干不干净的问题。通过这样的话题，春哥既创造了跟用户的聊天互动的场景，增强了信任，又反映出细心、严谨的人设。久而久之，越来越多的用户参与进来，提升了用户活跃度。

而另一个微博话题“贝妈小贴士”则是贝妈分享的育儿经验和育儿误区的专栏。这些内容可以体现贝妈的专业度，强化大家对贝妈的信任。后来也有不少用户留言，幸亏看了贝妈的经验，才躲避一些育儿坑。

如何借助互动促活用户

在私域流量的运营中，用户常常会跟IP产生一些互动，比如评论、点赞，私信咨询，意见反馈等。

假如你是一名用户，通过私信咨询IP一个问题，直到一天后才得到回复，甚至有些一直没有回复，请问你会是什么心情？

如果换一种情况，你第一次跟IP聊天，咨询一个问题，对方不到5分钟就进行了回复，仔细解答，并且非常热情地给予你帮助，你又会是什么心情？

通常人跟人之间的互动，对方积极主动，你也会更积极主动，对方若不理不问，你渐渐也会失去耐心，甚至会觉得“我加他没什么用”“他不能解决我问题，索性删除吧”。这样的问题出现在私域中，就会造成用户活跃度低甚至掉粉的现象。

所以，及时跟用户进行互动回复也是非常重要的促活手段。企业要在两个互动维度上建立标准规范。

第一是用户的私聊咨询。用户主动来咨询问题，最好规定负责人要在5分钟做出响应，24小时内给用户明确的回复。

第二是朋友圈的评论留言。企业需要在30分钟做出回复，除非活动期间留言爆满，回复不过来的情况出现，平时则要尽可能做到每条都回复。回复得越多，就越能促进用户活跃度。并且在回复的时候，企业要考虑用户体验，侧重解决用户问题。举个例子，一个用户在IP朋友圈内容下留言，问这个产品哪里有卖，要多少钱。通常客服会回复：微店有卖，198元一个。其实这样的回复没问题，该回复的都回复了。但是，我会要求客服人员把这个产品的链接再私信给该用户，这样一来体验就不一样了，它会让用户感受到超预期的服务。

基于以上两点，当用户主动发起互动，企业就可以依据标准设定好响应时间，及时做出反应。

在私域运营中，我更倾向于把这样的客服工作岗位称为客户运营。虽然大众习惯称之为“客服”，但我认为这有局限性。在私域流量池里，每一次解决用户的问题，都是一次绝好的销售机会。在这里，“客服”应该是一个顾问式销售，既要解决用户的问题，又要时刻挖掘销售机会，把产品推荐给用户。这样一来，私域运营中的客服岗位就由过去只提供服务、不创造销售的成本中心变成了利润中心，每个客户运营岗都能服务用户，实时地推荐产品，创造收入。

曾经有一家做女装的企业，让每个客户运营人员管理两个微信号，里面的用户都归他们维护。企业出台了一项机制，在维护用户的过程中，运营人员每销售出一件服装可获得5元提成。这样一来，每个客户运营都把微信号的用户维护得很好。这些用户越活跃，买得越多，自己的收入自然就更高。这种方式会强化客户运营的服务意识，帮助企业更好地促活用户。

除了被动的接收用户咨询、评论回复，企业更应该主动地创造和用户互动的机会，深化关系。

为了保持用户活跃度，同时考虑企业的精力和成本，我提出了“一年6次互动”的原则，即企业一年内要和私域流量池的用户创造6次友好而深刻的互动机会。这意味着平均每两个月要互动一次。

确定了频率，下一个关键就是这6次互动的时间点应该如何安排。这就必须充分考虑互动的价值，而不能单方面地骚扰用户。只有做到这6次互动都是在重要的时刻，而且给他们提供了价值，用户对企业才会保持深刻记忆且信任满满。但对于不同企业、不同的产品，这6次互动的节点和方式会有不一样。举个例子，一家高端珠宝钻石品牌，它可以每个季度举办一次酒会，邀请VIP用户参加，并赠送伴手礼。但对于一家电商服装品牌，恐怕就不适合举办这样的酒会，他们可以在用户生日当天、购物狂欢节给用户发送短信，并给出半价的超低折扣特权。而如果是一家汽车4S店，也许可以给用户打电话，定期赠送一次免费洗车或检修的服务。

虽然企业不同，产品不同，用户购买、享受售后服务的内容和时间点不同，但还是有一些共通的互动时间节点。这里我罗列了一些具有代表性和用户主动互动的节点，可供参考。

1. 用户首次加入私域流量池。不管是加微信好友，或邀请进微信群，用户通过后要第一时间主动和他打招呼。这是企业强化首因效应的最佳时刻。IP可以主动发送消息，做一个自我介绍，这既是社交礼貌，也能强化IP能够提供的长期价值。但主动打招呼，也不是随便说几句应付一下。招呼打得好，会拉近与用户的距离；打得不好，反而就有做广告的嫌疑，更让人反感。

比如，我在一家手机店里添加了他们的导购员，在通过好友之后就会收到他们的打招呼消息：

“您好，我是您的专属导购，可以免费为您提供购机咨询、手机保养、会员权益等官方服务。”

他会告诉我能为我提供哪些服务和帮助。甚至有时候，一句简单的“有什么可以帮您”，也可以起到类似的作用。

2. 用户的生日。企业可以提供短信、微信祝福，或邮寄生日礼物。生日，是很多企业用来关怀用户的热门时间点。关怀的形式可以多样化，但要根据企业产品和客单价来定。比如一家珠宝钻石品牌能接受50元以内的成本，就可以在生日当天为用户寄送一束鲜花；如果一家水果生鲜店，也许就只能赠送20元生日券，或用户可以到门店领一份寿桃；如果是一家餐饮品牌，关怀的形式也许可以是生日当天用餐享5折，并赠送一份寿面。根据自身情况和特点，不同企业可以找到适合自己的互动和表达形式。

3. 重大节假日关怀。中国每年都有不少节假日，如春节、端午、国庆、中秋等，企业可以选择跟自己相关，同时对用户也足够有意义的节假日，主动送上祝福和关怀。比如，一家卖内衣的企业，就把每年的3月8日作为关怀女性用户最重要的时间点。而钻石珠宝的品牌，则会把每年“情人节”“5·20”“七夕”作为重要的关怀节假日，因为这些时间点选择婚戒婚钻的用户很多。在选定重大节日的数量上，我建议企业不要多选，更不要每个节假日都给用户送祝福，一年选择一至两个即可。至于送什么，关键要结合企业自身调性，要显得独特、有价值。

4. 重要售后服务节点。如发货、签收、保养、预定提醒等。对于产品贵重或需要长期跟踪服务的企业，可以主动在重要的服务节点关怀、提醒用户。比如一家汽车4S店，当用户第一次过来检修之后，就可以按照半年或一年的周期来关怀用户，届时也可以提供一些福利优惠。对于珠宝钻石品牌，因为有些钻石首饰需要定期的维护保养，可以记录好每个用户的购买时间或用户上次维修的时间，然后提前提醒用户免费来保养。重要的服务节点也是企业创造跟用户友好互动的好机会。

5. 用户第一次消费或消费的周年纪念日。针对忠诚用户，企业可以在他们第一次消费或消费满×年的纪念日，主动给予关怀，赠送福利。比如，教育机构可以对入学满一年同学给予祝贺，或送礼品；企业对消费满一年、两年、三年的客户予以不同的荣誉称号，并对更高年限的客户给予更高价值的关怀。

6. 针对私域用户的定期专属福利。曾经有一家企业，每个月都会在私域流量池举办一场专属特卖会，他们会通过自己的资源拿到一些大品牌的内购产品，然后以极低的价格供给私域用户，比如纪梵希、欧莱雅、SK-Ⅱ、维密等。也有一些企业会每月提供一批试用新品，通过报名或抽选的方式提供给私域用户。

7. 专属权益升级的邀请。当用户因为累计消费，可以解锁企业的一些特权和服务时，企业可以主动告诉他们，邀请他们体验。比如当超市发现用户因为累计购物消费获得了铂金会员资格，可以享受免费配送服务，以及每年500元的购物福利券，这些用户平常可能不太注意，企业就可以主动告诉他们，获得互动机会。

当然，除了以上的节点外，不同企业还能结合自身产品的消费路径，挖掘一些其他跟用户互动的机会，最后从中挑选出6个重要且刚性的互动节点，形成标准化的互动操作。

如何通过活动运营促活用户

私域流量的活动可以分为两类。第一类，以增加用户黏性为目的；第二类，以提升销售为目的。这样的区分很简单，也很容易理解，前文提到，企业的私域运营活动可以按照"两小一大"的原则进行——每个月策划两场小活动，以增加跟用户之间的互动，提升用户活跃度为目的；每个月策划一场大活动，以产品促销为目的。

增强用户黏性的活动形式有很多，比如连续签到打卡、每日答题赢红包、用户投票等。企业也可以结合直播、社群一起来策划。

西贝曾经策划过一场"寻找好吃的面筋"的主题投票活动。这个活动把直播、社群、公众号三者结合起来，总共在100多个群宣传和曝光。这一做法很值得借鉴。

首先，面筋是西贝的一道招牌特色美食，不仅好吃，还易学易会。所以，这个活动的主题不仅符合西贝的特色，还能宣传产品，带动用户参与。

然后，他们先通过直播，让大厨在直播中教用户如何做出好吃的面筋，鼓励用户看完网络直播教学后尝试自己做，并且提交自己的作品。

接着，西贝又在公众号发起“寻找好吃的面筋”投票活动，将大家交过来的作品面向大众评审进行评比，最终将投票结果在群内公示，得票数最高的5名用户赢得奖品。

像这样的活动其实并不复杂，餐饮、美食类的企业都可以借鉴这种活动形式，鼓励用户多多参与。

当然，如果是电商企业，做法又会不一样。也许不需要用户动手制作，设计一些在线可完成的小活动即可，比如答题赢奖品的活动。企业可以设计一些跟企业、产品相关的题目，让用户抢答，最终赢取奖品。

除了增加用户黏性和活跃度的互动，企业每个月也要策划一场以销售为主题的活动，围绕新品上新、粉丝专场、促销优惠展开。

有一个电商企业成功地将每月活动变成了粉丝的购物节。这种形式有点类似过去传统门店的会员日，将每个月月末的一天设置为固定的粉丝节。虽然电商有“618”“818”“双十一”这样的平台型购物狂欢节，但这并不妨碍企业在自己的私域里搞一个专属粉丝节。在这一天，企业既会提供私域渠道的专属商品，又有丰富奖品、福利赠送，IP本人还会做客直播间跟用户分享和互动。这样一场一场持续不断地做下去，慢慢地私域用户就会开始习惯每月的活动，它甚至可以成为私域用户每月生活中的仪式。

在预热这类活动时，这家企业通过公众菜单长期入口、图文推送、社群预告、重点用户的私信等方式进行广泛告知。甚至客户运营在平时跟用户互动时，都会引导告知每个月的粉丝节。这样一来，粉丝节一年就能做到千万营收。

除了企业自己策划固定栏目的活动，还可以借助节假日举办销售类主题活动，如在三八妇女节、母亲节、“520网络情人节”、端午节、中秋节等开展营销活动策划。

虽然活动目的不同，但不管是小活动还是大活动，除了复杂程度不一样，其实环节流程都差不多。对于这些环节来说，从策划到执行落地都是系统化的工作，并且事先做好活动策划方案非常重要。

下文总结了写活动策划的9个步骤，按照这些步骤，大家可以建立活动策划的框架体系，尽可能保证活动的完整，避免一些风险。

1. 明确活动目的。目的不同，活动策划的思路和手法会有差别。如果以增加用户黏性为主，则要注重互动性和趣味性，不要刻意设置促销环节。但如果是以促进销售为主，那就要想办法植入产品宣传，设计优惠组合，其不足是很难兼顾互动性和趣味性。

2. 设计活动主题。主题就是一个容易让用户记住、识别的标签。主题甚至可以成为一个品牌。比如，淘宝“双十一”在用户认识中的特点就是购物狂欢节、全场5折、便宜。再比如，雪花啤酒“勇闯天涯”主题活动持续了近10年，伴随着一代用户的成长，形成了鲜明的品牌记忆。前文中，西贝发起的“寻找最好吃的面筋”也是活动主题。企业策划一场活动，最好是想出有创意、符合自身特质的活动主题。

3. 预测活动效果。活动效果产出会影响活动的投入，所以企业在活动实施前通常要预测一下可能的效果。这个效果可能是按照市场预期确定的，也可能是按照固定的投入预算预测的，不同企业的情况不同，方式也不一样。比如，我为企业策划过一场活动时，会先了解企业的心理预期。比如企业希望有200万人来看一场直播，那就需要计算各个渠道曝光量、常规的转化率等，再给出能符合企业预期效果的投入费用。

4. 设计活动时间。企业需要设计活动的持续时间，以及分几个阶段进行。比如小活动可能只做半天或一天，企业要做的准备、预热也都会相对短一些。但是，一些大规模的营销活动仅仅是吸引用户参与活动通常就要持续一周，甚至一个月。像这样的活动，从预热、用户参与再到收尾结束，需要的时间跨度可能会长达两个月甚至半年。

比如，2020年我们为一家品牌企业策划了一场需要奥运冠军参与的大型祈福公益慈善活动。整个活动光方案设计就花费了7天，接下来确认场地，跟奥运冠军、政府单位协调时间又花了15天。这场活动分为线上和线下两个环节，线上游戏互动持续7天，线下活动占2天，加上活动预热推广花费的15天，整个活动从提案到执行完毕，跨度差不多是3个月。

5. 拟定活动预算。前文已经讲过，无论活动的大小，最后都涉及活动预算，企业最终也要看投入产出比是否合理，是否可持续。

6. 设计用户参与流程。用户如何参与，是活动设计中重要的一环，既要保证用户参与度和体验感，又要达到企业希望的宣传效果。设置得复杂了，用户不愿参与，难以传播扩散；设置得太简单，门槛过低，又容易出现“薅羊毛”的用户，不能起到宣传品牌的效果。所以，检验活动流程的设计是否合理有效最好的方式就是设计完成之后，找种子用户或同事反复推敲、模拟，不断完善。

7. 制订推广计划。要想活动让用户知道，企业需要盘点自己有哪些推广的渠道资源，根据活动的进行阶段匹配不同的推广位，以保证活动有足够的参与人数。同时还需要明确，不同阶段工作的人员分工。一场活动，尤其是大型活动，涉及的合作伙伴、参与同事、资源都特别多，企业要在活动立项初期就安排好人员分工，让大家知道自己什么时间该做什么事，遇到问题应该先找谁。

8. 监控活动数据。活动是一个动态过程。小活动时间比较短，影响力也会相对小，可能数据反馈不那么及时。大活动则更复杂，影响也很大，所以企业在开始时就要知道关注哪些效果型指标，并且每小时、每天都会上传不同的数据指标。只有掌握这些数据，才能实时应对变化，调整优化，使活动效果更好。

9. 活动复盘总结。每场活动结束后，运营团队都应该进行复盘总结，从前期策划、执行、数据情况、人员操作、用户反馈等各个维度反思存在哪些问题，获得了哪些经验，这样才能让下一次做得更好。

讲到这里，相信大家已经很清楚如何通过活动运营来促进用户活跃度了。我常常把活动比作催化剂、转化剂和增黏剂，一场好的活动不仅能建立更好的用户关系，还能带来销售。反之，不好的活动不仅不能促活用户，还会伤害用户。

如何打造活跃的社群

社群已经不是一个新鲜的事物，它早在6年前就开始流行，但目前仍然有很多的企业刚刚接触“社群”。社群电商、社区团购、社群直播……社群的商业模式在不断地变化，它已经成为企业跟用户互动、传播品牌、销售产品的重要方式，也成了私域流量池的重要组成部分。

社群是一个有相互“关系”的人的网络。不论是基于人原有的社会关系的网络，还是建立网络后期望与别人达成某种关系，任何一个社群的创建者都希望能保持或加强这种连接。社群的存在与发展依托于信任，社群经营得越好，意味着成员关系越好，相互的信任越深。一切商业行为的前提是信任。用户信任企业，才会有购买、投资、裂变传播这些商业行为。所以，运营社群的本质是在经营“关系”，更准确地说是把信任变现。其中，关系越强，则信任越强，可以转化的商业价值也就越大。

社群对企业增长的促进，主要体现在三个方面：高效转化、持续复购和裂变传播。

1. 高效转化。社群把所有人放在一个公共空间，利于信息实时互通，企业的品牌IP跟成员最短距离接触，这种环境下的触达和曝光效率是最高的。曝光多，就会强化用户记忆，深化用户信任，转化自然越高。所以我们会发现，尤其是一些高频消费产品，比如母婴产品、水果生鲜、零食产品，它们在微信群里面的曝光越多，就“卖得越快，氛围越好，卖得越多”，这就是社群高效转化能力的体现。

2. 持续复购。经营私域流量的目的之一就是创造用户复购。企业把老用户拉到一个群里，集中维护起来，提供服务和优惠，并保持这种关系和黏性，等到用户有需要的时候，复购自然就发生了。

3. 裂变传播。社群往往是一对多的传播方式，把信息投放进一个群里，群里的人很快都会知道。然后，再通过群成员的社交关系链进行分享传播，很快就形成了裂变式传播。利用裂变的机制，社区团购、拼团砍价等营销模式才能大行其道。

懂得了这三个促进增长的逻辑，企业就可以根据自身情况来利用社群了。

关于社群运营，我总结了以下6个步骤：

1. **自我判断是否适合做社群**。社群固然有很多好处，但并不是所有企业和产品都适合运营社群。那些复购可能性低、缺少话题性、用户群聚属性不强的产品，如灯泡、男装、衣柜、沙发、手机等，就不太适合专门开辟社群。但是像小米这样的企业就可以，这是因为它旗下的产品非常多，除了手机，还有耳机、电脑、音箱、净化器等，这样用户的复购可能性也是高的。所以，这里的复购可能性，是指用户跟企业之间发生实际购买需求的可能性，而不是单一某个产品的复购可能性。

2. **确定社群的目标用户**。“物以类聚，人以群分。”社群用户不同，社群提供的价值和目的也会随着变化。比如，孩子王的社群就把宝妈分为辣妈人群和孕妇人群。前者已经有小孩了，后者还在怀孕中，她们的心态、利益诉求不一样，一些具体运营方法就会有差异。企业在做社群之前就要弄清楚准备吸引哪一部分用户，如果用户层次不同，就应该分成不同的社群。社群宁可做“小而精”，不能盲目追求“大且泛”。

3. **选择合适的社群载体**。

社群的形态可大致分为两种模式。

第一种是群组模式，这是当下最普遍的模式，比如微信群、QQ群、抖音群、钉钉群、微博群。所有人都在一个虚拟空间里，某人说一句话都能被其他人看到。这种模式的沟通、回复、互动都很及时，但是功能比较简单，除非添加好友进行单独沟通，否则成员之间无法深入了解彼此。企业也无法通过社群日常互动，捕捉到用户更多的行为数据。这种模式下的社群更多扮演了通讯录的角色，适合碎片化的互动沟通。

群组模式的社群又可分为以下三种类型：

第一类按照时间划分，可分为短期社群和长期社群。

短期社群，包括一些促销活动群和快闪群，他们存在的时间比较短，迅速建立，目的达成后又迅速解散。比如商家为“618”“双十一”大促（大型促销）建立的微信预热群，基本上大促一过就会解散掉。

长期社群，是能为用户提供长期价值，需要长期存在的群。这里的长期是指存活一年及以上。比如，我自己的“三寿成长学员群”就是一个长期群。因为他们购买的课程有效期就是一年，在这一年里大家可以在群里及时解答问题。

第二类按功能划分，可分为服务型社群和销售型社群。

上述讲到的“三寿成长学员群”、春雨医生组建的“春雨儿科交流群”，以及西贝专门建立的VIP用户群，都是以服务为主的社群。

而销售型的社群，顾名思义，就是以产品销售为目的而建立的社群。比如孩子王的秒杀群，所有进入到秒杀群里的人都是希望能够获得便宜的商品，或者能抢到优惠折扣。所以群里经常分享优惠商品，大家也不会觉得反感，因为它就是以销售为目的的社群。

第三类按用户群体来划分。从用户消费层面可分为潜在用户群（还没消费过的用户）、老用户群（已经购买过产品的用户）、VIP用户群（付费会员，或消费达到企业指定金额的忠实用户）。有的企业也会根据用户的阶段来分，比如孩子王会把妈妈群体划分为“辣妈群”和“孕妈群”。“辣妈群”是小孩已经出生的妈妈群体，“孕妈群”则是还在怀孕期间的准妈妈群体。

第二种是社区模式。这种形式的社群更像一个虚拟社区。典型的有百度贴吧、天涯论坛、知乎。在这样的社区里，每个用户都有自己的主页，你想了解谁，可以看他赞过的帖子、发过的帖子、给别人的留言。同时，企业可以从网络后台各个维度的数据去了解他们的用户，获取丰富的用户画像。目前，利用这种模式的社群有小米社区、海尔社群、“Nike+”数字社区、美粉社区等。Nike的数字化社区是我最早研究和观察的品牌用户社区，目前，也在不断地升级迭代，他们推出了Nike Run Club和Nike Training Club等App，成为跑步健身爱好者的社群。目前Nike的数字化社区在全球已经拥有几千万的用户，里面沉淀了庞大的运动爱好者数据信息。

企业选择怎么样的社群模式，取决于企业的用户规模、发展阶段及对社群的认知。比如，一家单独的餐厅或一家商场的服装店，只需要一个微信群就可以了。但如果是百果园、江南布衣、小米这样拥有百万、千万用户量的大企业，可能就要把公众号、小程序、自建网络社区（App）、微信群这些载体结合起来使用，形成一个私域流量矩阵。

以微信生态为例，可选的社群组合主要有下面三种：

第一种是微信群。它适合微商、小微实体店、自由职业者，其优点是简单、实用、成本低。

第二种是“微信群+公众号+小程序社区”。这个组合适合中小企业，以微信群为主体，再加入小程序社区，可以实现用户签到、发帖、打卡等轻量的游戏互动。同时也可以把企业的积分体系融入进来。在这个组合中，公众号可以作为进入小程序社区的入口，与社群连接互动。

第三种是“微信群+公众号+小程序+自有App（或网站）社区”。这个组合比较适合大型企业，拥有庞大的用户规模，需要为社群用户提供比较丰富的功能。比如海尔社群，它不仅有网页端的社区，还有App端的社区。里面的模块设计很丰富，不同的产品线拥有不同的社群版块和栏目，用户可以在里面提问、交流、分享、参与活动，还能够获得积分，兑换奖品。这些丰富的功能都能够增加用户的活跃度。

4. **吸引用户加入社群**。这一点其实与第四章讲到的“连接”，即怎么吸引用户进入私域流量池的核心是一样的，都是要考虑利他价值，企业要想清楚用户进来之后，自己能提供给用户什么价值。在吸引用户加入社群时，同样要提供长期价值和短期利益。不过，社群能提供的功能和价值有不一样。吸引用户加入流量池，企业需要重点考虑自己如何提供价值，而吸引用户加入社群，企业则要考虑如何结合社群的类型、功能来落实这些价值。

5. **制定社群的规则**。没有规矩不成方圆，社群要持久存在，必须有规则。这里涉及的规则，包括社群的共同使命、社群的行为规范、用户成长机制、用户的奖惩机制等。越是大型的社群和社区，越要有复杂严密的规则。举个例子，如果只是单个微信群，那规则就很简单，群主只需告知大家本群目的、名片格式、注意事项（比如什么能做，什么不能做）、奖惩机制、群内值班时间等。比如孩子王的微信群每当有新人加入时，都会出现这样一条消息：

@××

欢迎加入辣妈交流群，群规了解一下，进群先修改群名片：地区+姓名+宝宝出生日期，例如：南京果果妈20180825

1.育儿顾问服务花时间从9点到24点，服务期为10天，10天后育儿顾问定期巡诊哦（平均3−4天一次）记得问问题@育儿顾问。

2.为打造一个纯交流环境，群内不准发任何其他无关链接、不准乱加好友（一经发现，直接移除），可发孩子王的小程序、砍价等活动。

但如果是像海尔社区这样的社群，因为其功能模块更加复杂、用户体量更大，所以它的规则会包括用户注册条例、发帖规范、获取积分规范、积分兑换规范等。从中我们也能看到一个大型网络社区的复杂性和严密性。

6. **保持社群的活跃**。社群的活跃度是促成交易的前提。用户加入社群之后，企业要提供匹配的服务，创造各种曝光，甚至引导交易。这些构成了社群运营的价值闭环。

总的来说，一个活跃度高的社群通常会做好以下三个工作来进行促活，这也是对前三节内容的一个综合运用：

1. 有规划的群内容分享需要根据群的定位、人群需求来确定。比如母婴社群，就少不了育儿相关的各种知识。

2. 定期的群活动。活动可以是游戏、互动性的活动，也可以是基于产品的促销、优惠活动。

3. 有效的群客服，即群内用户的疑问、咨询能够得到及时有效的解决。

当然，以上六步是我们运营社群最需要弄清楚的问题。社群运营并不轻松，它是一个系统工程。越是大社群，运营工作就越繁重，但即便艰难重重，社群在帮助企业促活私域流量、保持用户活跃度上的作用又值得我们为它付出心力。

第六章　分层
——实现用户的精细化运营

经过前文的介绍，大家已经知道，私域流量的本质是经营用户关系，提升客户终身价值，以及私域流量池吸引的是有持续复购的高价值用户，而不是服务所有的用户。因此在未来的运营过程中，企业就要不断地筛选出这些高价值用户，给他们打上标签，备注信息。越是了解他们，企业就越能有的放矢，针对性地给予关怀，减少骚扰，做好重点客情的维护。

因此，这章我将告诉大家在私域流量运营中如何进行用户分层，建立常用的标签模型，如何通过各种渠道和方式获得用户的分层依据。

为什么要做用户分层

西贝会员数据中心的高级总监魏骅然认为，西贝的私域用户必须满足两个标准：第一是对西贝的产品和服务认可，愿意把西贝推荐分享给身边的朋友；第二是消费频率高，对品牌很忠诚。

西贝对私域流量是有明确定义的，能够进入私域的人都是西贝的重度和高价值用户。

私域流量的定义本身就包含了分层的概念。在邀请用户进入私域时，其实企业就已经在做分层的工作。如今很多企业都在讲精细化运营，但不做好用户分层，就没办法开展精细化运营。

所谓用户分层，就是对用户进行分类。根据其客户贡献价值的大小，分出核心用户、重要用户、普通用户。再根据用户的身份信息、消费偏好，提取出共性标签，最后知道他们喜欢什么，不喜欢什么，未来还需要什么。

所以，分层不仅是区分重要程度，还要区分不同用户的兴趣、偏好和特点。知道了这些信息，企业才能针对性地提供关怀、服务，进行精准营销。

2020年，新冠疫情防控期间，有一家企业就充分利用用户分层，取得了超出预期的成功。

新冠疫情暴发后，很多医疗防护物资都开始稀缺，比如口罩、一次性手套、洗手液，大家都在囤货，于是价格水涨船高，普通人甚至花钱都买不到了。

这家企业意识到这种情况后，就利用公司的资源和关系，四处收购一些口罩、洗手液、一次性手套等物资。一方面提供给员工自用，另一方面专供给自己的老客户，完全以正常价格出售。而这个时候，某些电商平台上的商家，已经对物资进行疯狂涨价和捆绑销售。

不仅如此，他们还利用过去的消费标签和分层，对私域用户进行了定向的关怀，主要有三个动作：

1. 对微信中有“护士/医生”职业标签的用户，第一时间进行慰问和关怀。

2. 按照地域标签，优先对湖北特别是武汉的用户进行慰问关怀。

3. 对消费金额和频次比较高的VIP用户进行一对一的关怀，并免费提供一份防疫物资礼包。

在这样的关键时刻，他们没有像其他商家一样急于自救，只顾促销产品，回笼现金流，盲目地打扰用户。他们认为，在这个危机时刻，人与人之间需要的是鼓励和支持，所以他们尽可能为用户提供关怀和帮助。

这个做法得到了很多客户的认可和赞许。2020年3月份，他们的店铺正式复工，但是并没有按照此前的计划办一场开年促销，通知所有用户来参与。他们只是将新产品默默上架到商城，依然取得了不错的业绩。因为一些老用户每天会时不时地逛他们的店铺。

其中就有用户留言："像你们这样有爱心的店铺，值得一路支持。"还有一位特别用户留言道："妈妈那边一个亲戚病危，由于买不到口罩，一直都无法出门去见亲戚最后一面。多亏你们寄来防疫物资礼包，有了口罩，我们才能及时出门，否则就会留下一辈子的遗憾，感谢你们。"

赢得这样的用户支持才是真正的成功，对他们而言，这比短期获得一些金钱更重要。该企业的成功，首先得益于他们能够依据用户分层和标签信息区分不同用户。倘若没有之前的分层和标签积累，即便有这样的想法，恐怕也仅止于空想。

透过这个案例，我们可以看到用户分层和标签的巨大价值，总结一下主要有四点：**提升转化率、降低对用户的骚扰、降低营销成本和增加品牌的满意度**。

1. 提升转化率。转化率可以是活动转化率，也可以是成交转化率。比如一家培训类企业对私域用户做了地域标签分类，当他们要在杭州开一场线下课，就可以重点针对杭州地区的用户进行提醒和宣传，然后再考虑是否增加上海、苏州这些周边城市，这种做法相比四处撒网的转化率自然更高。

2. 降低对用户的骚扰。同样的例子，假如企业选择的地域标签是杭州，就会减少对武汉、南京、成都等地私域用户的骚扰。这同样可以类推到产品推广上，比如三寿频道要推广“私域运营实战营”的活动，可以通过标签筛选来避开老学员，因为他们已经上过课了，就无须再打扰。

3. 降低营销成本。这一点显而易见，当推广转化率得到提升，企业就可以避免无效的投入，营销成本自然就会下降。

4. 增加品牌的满意度。满意度是一个综合因素作用的结果。当企业做好用户分层，建立丰富的消费标签，自然就可以提供更符合需求的服务，减少盲目的营销，降低对用户的骚扰。这样综合的作用就是增加品牌的满意度。

一些大企业都会重视用户运营，甚至花费巨资采购CRM管理系统，希望将所有用户精细化地运营管理起来。企业要做好用户运营，对用户分层是必然的选择。

借助 RFM 模型划分用户等级

如今很多企业已经开始对用户进行分层。不同企业有不同的划分，比如有些企业会把用户分为普通用户、重要用户、VIP用户，或者划分为“铜”“银”“金”三个等级。我自己则将用户分成了目标用户、付费用户、VIP会员、裂变用户和合伙用户。其中，VIP会员、裂变用户和合伙用户都被称为企业的超级用户，他们对企业的贡献价值逐级递增。

如何对用户进行等级分层，我们需要了解一个最常用的客户分类模型，那就是RFM模型。

RFM模型是在客户关系管理（CRM）分析模式中最受关注和应用的模型之一。它主要通过最近一次消费（recency）、消费频率（frequency）、消费金额（monetary）这三个维度的用户行为来对用户进行分层。RFM分别是这三个英文单词的首字母缩写。通过这一模型，企业可以动态地掌握用户对企业的长期价值，甚至预测客户的终身价值。

R（recency）指最近的消费时间。最近一次消费时间越近，说明这个用户近期是活跃的，对企业是有印象的。最近一次消费距当下时间越久，就越说明这个用户可能沉睡或流失了，需要企业通过客户关怀、营销活动去触达他，想办法将他再次激活，尽量挽回这个用户。

F（frequency）指消费频率。消费频率越高，消费也越活跃，代表用户对企业或品牌越认可，对企业贡献的销售价值越大。反之，消费频率低，甚至用户只来了一次后就再也没来，说明用户不活跃，相应的贡献价值也就少了。这时候企业就需要进行反思，他到底是不是企业的真正目标用户，是不是“薅羊毛”的用户，又或者是不是企业的产品和服务有问题，伤害到了他。总之，企业需要针对消费频率这一数据进行分析研究，找到原因，并想办法解决。

M（monetary）指一段时间内的消费金额。消费金额高，既说明用户对企业产品的需求大，也能反映用户的消费能力，同时还说明对企业和品牌的认可。在一段时间内，消费金额跟消费频率呈正相关，消费频率越高，累计的消费金额也会越高。

企业通过这三个维度合理评估用户的长期价值，把用户分为不同的等级，并对不同等级的用户投入不同的资源和时间来维护，这样就能让公司的资源效果实现最大化。

过去，互联网没有如此发达，传统企业没有实现数字化，企业很难抓取用户的实时数据，没办法实时掌握用户动态、群体画像，很难做精细化运营管理。而现在，无论是投广告、做活动，还是依靠微信、社群、小程序、App，都能实时获得大量数据，并且有了成熟的CRM软件之后，企业能够轻松地对用户消费数据进行分析，进而做出正确的决策。

在实际应用中，我们可以将RFM这三个维度，每个维度一分为二，大写字母代表高，小写字母代表低。这样一来就得到8组用户分类。

我把它转化成表格，可以更直观地呈现R、F、M 三个维度下这8

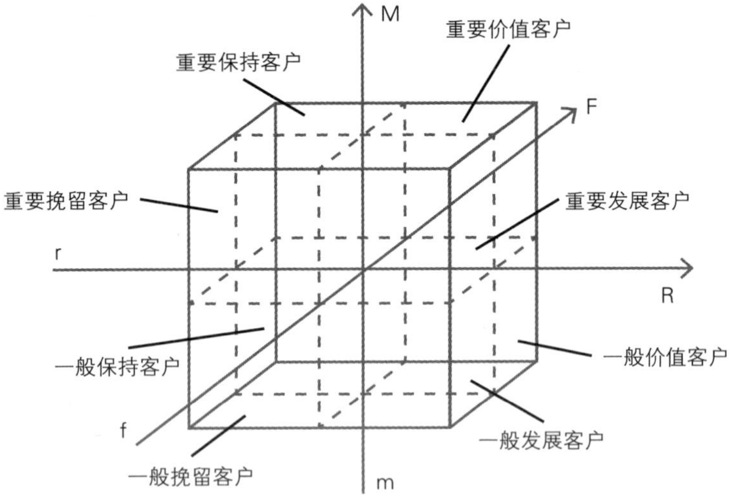

图 6-1　基于 RFM 模型的用户划分

组用户，以及对应的重要等级。

表6-1 RFM模型分析的8组用户

划分群体类型	R（最近一次消费）	F（消费频率）	M（消费金额）	成交客户等级
重要价值客户	高	高	高	A级
重要发展客户	高	低	高	A级
重要保持客户	低	高	高	B级
重要挽留客户	低	低	高	B级
一般价值客户	高	高	低	B级
一般发展客户	高	低	低	B级
一般保持客户	低	高	低	C级
一般挽留客户	低	低	低	C级

重要价值客户：最近消费时间近、消费频次和消费金额都很高，他们是企业的VIP客户。

重要发展客户：最近消费时间较近、消费金额高，但频次不高，忠诚度不高。他们是很有消费潜力的用户，需要重点发展。

重要保持客户：最近一次消费时间较远，但曾经一段时间内消费频次和金额都很高，说明他过去是个忠诚客户，企业需要主动和他联系，尝试激活。

重要挽留客户：最近消费时间较远、消费频次不高，但消费金额高，这些可能是将要流失或者已经流失的用户，企业应当采取挽留措施。

后面的一般价值客户、一般发展客户、一般保持客户、一般挽留客户相比前面四组的重要性会低一些。在实际成交客户中，如果对这8组客户维度进行简化分类，我们可以把他们分为A、B、C三个等级。这样，企业员工在维护时会更好地理解、操作。

总而言之，企业在人格上对用户要一视同仁，尊重用户，友善相待，但是在商业服务上则要区别对待。企业不要试图给所有用户一样的服务，而是要将更高级的服务提供给那些更认可企业、能带来更高价值的用户。

不过，企业所处的行业、规模、发展阶段不同，用户分层落实到具经营中会有差别。比如一家有20年历史、年销售额50亿元的服装品牌和一家年销售5000万元的淘宝店，他们在定义重要客户的标准上就会有差别。前者可能认为一年消费满10次的才是VIP客户，而后者认为4次就是VIP了。前者可能会把品牌忠诚度作为筛选VIP用户的重要维度，而后者可能仅仅将消费频次、消费金额作为分层的考量维度。这些都需要企业结合实际，加以应用。

建立用户消费标签模型

假如有一天，你通过小程序或电话预定了酒店的房间。当你到达酒店前台的时候，前台人员已经为你办理好房卡，选好你最喜欢的楼层和安静的房间，并且在房间里准备了你最爱喝的红茶，还额外派送了一份下午茶点。

你不用在前台多做停留，这一切熟悉得仿佛回到了家里。你会不会觉得特别温暖和开心？我想是一定的，因为这些符合你偏好的精准服务就是为你定制的。

酒店是如何做到这一点的？因为他们将你过去的入住信息都做了

整理，并且标签化地记录了下来。

比如，你曾经住店时都要求住六楼，喜欢安静有窗并且带有办公桌的房间。另外，过去服务员清洁房间时，常常会发现红茶被使用了，而白茶没动，于是将这些也都记录到了你的档案。

当酒店有了这些信息之后，自然就能在你到店之前预留好符合你偏好的房间，并提前按你的喜好准备好物品。这难吗？其实并不难，只要每次都记录下用户的消费信息，企业就能提供精准的超预期服务。

建立私域用户的标签是所有运营私域流量的企业必须做的。西贝会员服务中心的高级总监魏骅然曾讲到，西贝逐步将私域流量池的重心转移到企业微信，就是看重企业微信有丰富的标签功能。他举了一个场景：当用户在西贝门店外预约或扫码点餐，门店后台能知道他在排队，以及他的口味、偏好等消费信息。当用户进入门店的瞬间，西贝就可以提供符合他偏好的精准服务。

所以说，建立用户的消费标签是用户分层中很重要的工作。不过，不同的行业，不同规模的企业，所需要建立的标签维度自然也不一样。比如，西贝可能更关注用户的口味、食物偏好、地域文化；而酒店类企业则不一样，华住酒店可能更关注用户的职业、睡眠习惯、特殊要求。

标签又是一件可以很复杂的事。曾经有人跟我说，他们公司的CRM系统记录的用户标签多达200多个，大家可以想想这分析起来会有多困难。

设置标签的目的是提炼共性、方便记忆，以及数据分析。标签要有针对性且实用，而不是越细越好、越多越好。就像大家对我的认知标签一样，应该就是那么几个关键词。比如：

行业标签：营销、私域流量、超级用户。

性格标签：耿直、热心、开朗。

兴趣标签：写作、啤酒、羽毛球。

印象标签：靠谱、谨慎。

某一类标签的重要与否取决于特定的对象。比如，合作伙伴可能更关注我的行业、兴趣标签，而朋友们会更关注我的性格、兴趣标签。

对于广大零售企业，在实际私域运营中，我通常会要求他们从**渠道来源、用户等级、人口属性和消费信息**这四个标签维度出发，然后再根据各自企业的不同进行标签的细分。

下面我对这四个维度一一举例说明。

1. **渠道来源**。清晰的渠道来源便于企业跟用户沟通，以及判断他们的消费力和对企业的熟悉程度。渠道来源通常可以分为线上、线下，再细分一些，线上渠道有淘宝、天猫、京东、抖音、快手等，线下渠道又分为直营店、加盟店、营销活动等。

在私域运营中，有些线下连锁品牌的企业推动起来很难，其中一个重要的原因就是，用户到私流量池里产生的销售如何归属并不清晰。这涉及每个渠道业绩任务、奖金提成。我在2018年服务过一家线下品牌，当时他们门店业务负责人就直接发问："我把门店客户导进私域流量池，请问他们到电商网站或小程序成交，这个业绩算谁的？我有没有销售提成？"如果这个问题不解决，会影响门店店员的收入，私域拓展就很难推进下去。

此外，有些经销商也面临同样的问题。2020年6月1日，董明珠线上直播带货取得了超过60亿元销售额，其中格力线下的3万家经销商功不可没，可为什么经销商敢于邀请顾客进入她的直播间呢？有人透露，因为格力为经销商提供了跟踪系统，能够跟踪到每个经销商邀请的用户，为他们打上渠道标签来源，便于事后结算。

所以，无论是企业内部利益分配、数据分析，还是考虑外部合作伙伴的利益，用户的渠道来源都是很重要的标签。

2. **用户等级**。这是判断用户是否需要优待的依据。有了用户等级，企业才能够针对不同等级的用户提供针对性的服务和权益。这种差别化优待会让高级用户更有尊贵感和身份优越感，也会给其他用户造成动力，鼓励他们通过更多、更持久的消费拥有更多的用户特权。

3. **人口属性**。这个标签维度可细分成地域、籍贯、年龄、身高、体重、婚否、职业、生日、家庭情况等子维度。不同企业会用到不同的子维度。以餐饮业为例，西贝可能就不关注身高、体重等，而是更关注地域、职业、婚否、家庭人口等信息。知道地域可以帮助西贝分析顾客的饮食习惯，知道婚否可以大致推算是否有小孩、是否需要宝宝椅。而如果是美容院，他们可能不太会关注用户的地域、籍贯、身高，但是会关注年龄、婚否、职业等，这些信息会帮助他们判断用户的消费力、社交圈层，从而分析用户的消费需求。

4. **消费信息**。这个标签维度下也有很多子维度，它包括了跟产品和服务相关的所有信息。比如消费能力、产品用途、消费频次、产品颜色、产品大小、质量要求、产品价格、有无享受特殊服务等。这同样要根据不同行业的企业来选择具体将哪些信息标签化。

标签不仅可以通过微信的标签栏表示，备注、描述等也可以用来体现标签。比如下面这个案例（图6-2），就是企业在微信上跟这个用户沟通互动，将获得的信息转化成了标签。其中备注中的字母代表着用户的重要程度，“A”表示最重要的客户。“T60”是他最近购买的产品型号，“学习”代表他购买该产品的目的，“G3”代表他购买过三次。这些字母标识都是我们帮助企业统一设计的，简化出来便于运营团队操作。这样一来，企业就可以慢慢形成自己的客户运营体系。

图 6-2　用户标签实例

打标签不是目的，用标签才是目的。这套标签体系建立之后，重要的是业务相关人员要准确理解这些标签的含义，并且执行下去。企业要尽量保证所打的标签都对应着日后的运营工作。比如“G3”这个标签，它代表着该用户已经消费过三次。在疫情防控期间，当企业想给用户送口罩，不知道优先送给谁的时候，设定一个门槛——购买三次以上的用户，就能很方便地针对带有G3及以上标签的用户进行一对一的慰问关怀了。这就是标签的营销应用。

在私域运营中，企业最好是在建立私域运营的流程前就设计好标签模型。先从四个大的标签维度开始，建立一套常用标签模型，并贯彻执行下去，再逐步完善丰富。未来，当业务人员一看到这些用户标签，就能立刻知道用户的基本信息，然后提供个性化服务。

一个企业的IP是有温度且鲜活的，因此，和淘宝旺旺这样的商业对话场景不同，私域流量池中IP和用户的沟通场景带有一定的社交性质。在这种背景下，企业更容易和用户开展深入的沟通，从而捕捉到用户的社交、兴趣、职业、偏好信息。有了这些信息后，运营人员就可以按照规划，将用户不同的信息归类整理，形成标签。需要注意的是，在描述客户情况切记使用规范、不带歧视的语言，以及保护用户的隐私。

2020年6月，网上有一则新闻，一位女士无意中发现机构在自己孩子的信息单上标注了“家住白河左岸，经济条件欠佳”。看到这行备注信息后，该女士心里很不舒服，认为此机构有歧视学生之嫌，随后要求机构退费。这就是一起企业在进行用户分层并设置标签时因描述欠妥而造成的事故。

有效获取用户的标签信息

某天，一家我经常光顾的餐厅突然给我打电话，说有一份生日礼物在门店，让我过去领。我感觉很诧异，因为距离我的生日还有两个多月呢。后来我才弄清楚，原来在办理他们的会员卡时，需要填写生日信息，而我当时随便写了一个，于是才有这天提前的生日礼物。

虽然是一场误会，但从这个事情中可以看出，餐厅引导我办理会员的同时，其实也在记录我的生日。只不过这种方式出现了问题，因为我当时不重视，也不想透露真实信息，就随意填写，导致信息不准确，结果引发了误会。

如何让用户提供准确的信息，这需要引导。

如果当初他们跟我讲，“晏先生，这张会员卡很重要，除了享受优惠以外，以后我们每年会在您生日当天赠送神秘礼物”，这样一来，我一定会认真对待，写下真实信息。

获取用户标签信息的方法有两种，**第一种是从过去消费信息中提取，然后自动筛选。企业事先设计好标签词，系统再自动对照着给用户打上相应的标签**。比如消费频率，只要抓取淘宝、京东、线下门店的数据，企业就能识别出这个用户消费过几次。以此类推，最近购买的产品、购买时所在的地域、颜色偏好等，都可以依赖系统自动化，通过对消费行为数据的筛选来识别。不过，即便当下技术这么发达，语义分析技术也已经很成熟，国内的CRM暂时都还没法做到上述智能化水平，主要是国内各平台间数据缺少打通，形成用户数据孤岛造成的。但自动筛选标签无疑是一个未来发展的方向。

第二种是通过运营人员与用户交流沟通，有意识地引导、记录，从而获得企业需要的标签维度信息。这就要依靠靠人的力量了，尤其是那些会聊天、会沟通、会观察的人。

通过这种方法来获得消费信息，企业通常会事先设计好问题，然后培训客服或者用户运营人员，并规定运营人员需要在多长时间内完善这些信息，这也会作为检验运营人员工作的一项指标。

比如，我们曾经服务过一家钻石品牌公司，他们希望知道用户的生日。我们给出的方案是：在引导用户进入私域流量池前，就在引导语中告诉他们，生日时企业会有神秘专属礼赠送。这样进入私域流量池后，用户就会主动告知企业自己的生日，即便少部分人忘记告诉，企业也可以主动询问。借助这个契机，企业也可以和用户聊些其他的内容，捕捉到更多想要的信息，然后再一一填充到用户的标签信息里。

还有一种情况是企业运营人员不需要与用户进行直接沟通，只需要观察就好。就像前文讲过的酒店案例，为什么当你到前台的时候服务人员就已经把房间订好了？因为他们知道客户过去的需求，于是接待工作就变得轻松多了。这就是数据分析法。类似地，酒店的服务人员在清理房间时，能够发现客人的一些偏好，比如某个客人茶缸里的红茶经常被用掉，某个客人每次都要求多放几瓶矿泉水。这些细节，服务人员都可以观察并记录进用户档案，当下次客人再来入住时，不用客人提醒，酒店就能提前安排好。不仅如此，酒店还可以根据提供定制服务后的顾客反馈，不断更新数据。

有些企业会怀疑，这是不是太麻烦，这么做有用吗？我曾经也认为这太麻烦了，没有必要。直到我拜访了一家在国内移动支付领域排行前五的企业，他们的老板带我参观公司，介绍了他们的渠道销售工作。渠道人员会对接不同区域的代理，每周都会回访不同的代理商，然后详细记录下代理商的信息。几年下来，他们从一开始大段的文字记录到现在的标签化运营，明显提升了工作效率。他们之所以能用不到100人的团队管理几十万家商家，靠的就是这套管理系统。这是我第一次看到一家TO B企业能够像零售品牌管理消费者一样进行精细化管理。

对于用户的精细化管理，我真正受到启发是看到了丽思卡尔顿酒店的案例。丽思卡尔顿酒店是以客户服务而闻名全球的度假酒店。在最开始推行创新客户服务时，他们团队定下的目标是要了解客户的五个喜好，并至少满足其中三个，就是这样的目标对丽思卡尔顿酒店的顾客体验产生了彻底的影响。在《量身定做》（*One Size Fits One*）书中就有对该酒店客户的采访：

我们上次入住时要的低过敏性枕头就摆放在床头，全部抖得蓬松——这次我们都忘记了叫他们这么做。还多了好几条毛巾，记得上次入住时曾叫服务人员给我多拿了几条。茶碟中的小饼干都是巧克力夹心的——我们最喜欢的那种。

我们开始意识到，丽思卡尔顿已经从我们上次来访中捕捉到这些点点滴滴，并且输入了数据库。在我们到达酒店之前，酒店的员工，从客房服务人员到清洁扫房间的服务员，已经按照我们的布局把房间重新布置。他们似乎很了解我们，似乎真的在意我们是否在这里住得舒服。

从上面这位客人的描述，我们能够感受到丽思卡尔顿酒店客户服务的细致。他们对客户的了解，是通过每一个服务人员来收集，并输入到系统中的。很明显，他们的做法非常奏效，客户满意度很高。

我们除了学习他们的客户服务理念，更应该学习他们如何在服务中捕捉到用户的需求，并及时把需求输入到数据系统。

在运营私域流量时，不管是在微信群、朋友圈，还是一对一私聊的过程中，企业都能捕捉到用户的各种信息，但关键是要知道企业自身需要哪些信息维度，企业可以参考前文讲到的渠道信息、用户等级、人口属性和消费信息这四个方面。当然，企业也可以学习丽思卡尔顿酒店，制定一个标准，先找到用户的五个喜好，并至少满足其中三个。一旦明确了目标，企业也就有了前进的方向。

今天中国企业正在大步迈向数字化时代，这不仅仅意味着信息传递更加高效、迅速，还意味着信息的分发可以更加精准。企业增长无非依靠三个底层逻辑：拉新增长、复购增长和效能增长。一切商业最终的核心竞争力还是效率，即既要效果，又要速度。因此，企业只有将用户不断细分、分层、建立标签，才能精准营销、降本增效，提升用户体验，赢得用户的满意和认可。

第七章　复购——让用户持续成交

私域流量就是通过提升用户复购来驱动企业增长。企业的运营工作是为了建立、强化用户信任，然后引导复购成交，否则所做的一切将毫无意义。复购不仅能带来收入，还是创造品牌的关键。反映品牌忠诚度最重要的两个指标，就是复购和分享。

很多企业觉得复购很难实现，很多时候是没有掌握复购的原理。私域流量是创造复购最好的地方，但正确的做法绝不是像过去微商那样靠朋友圈刷屏和私信骚扰。复购是整个私域流量运营的临门一脚，企业要实现的是“优雅地卖货”，而不是暴利促销。

这一章，我将给大家讲讲如何抓住复购的核心，不管是微信生态内还是淘宝生态，有哪些值得借鉴的创造复购的场景和方法。

揭秘复购的公式

长期以来，很多企业总是认为，用户天生就是不忠诚的，他们喜新厌旧，喜欢在不同产品间选来选去。我不否认，用户确实会有这样的表现，但这并不意味着所有用户都喜欢变化，喜欢经常性地做选择。

事实上，我们大多数人都体会过选择的痛苦，甚至还有人因此患上了选择困难症。在第一次购买某种产品或体验某项服务时，人们往往不清楚哪个商家更能满足自己，因此不得已要进行选择、对比。他们通过一家一家地尝试，直到挑选到满意的商家为止。而一旦发现令自己很满意的商家后，恐怕人们都不会轻易改变消费对象。毕竟对大多数人而言，选择并不是一件轻松和愉快的事情。正因为如此，营销领域里才会出现用户“忠诚度”的概念。也正因为有了用户“忠诚度”，企业打造品牌才有价值——品牌是一种对用户的承诺和担保，它意味着安全可靠。

所以，让用户复购其实不难实现。用户选择复购，除了有最基本的消费需求外，还受两个关键因素的推动——满意度和记忆度。满意度源自用户在上一次消费中对企业产品、价格、员工、服务体验的整体感受，这些因素综合起来会形成用户对该商家及品牌的信任。即便用户对商家很满意，但时间一长，如果并没有将该商家牢牢记在脑海里，自然也就难产生复购。因此，记忆度也是至关重要的。

因此，复购行为可以通过一个公式来表达：**复购=需求+信任+曝光**。

简言之，当用户想再次消费某种产品，而他对某商家的产品是满意的，并且还能立刻想起它的企业或品牌，该用户就会马上去买它。

按照对私域流量的筛选要求，私域中的用户都应该是有明确复购意愿、愿意靠近企业的人。所以，他们在需求和信任度上是有基础的。企业则需要保持在他们脑海里的记忆度，甚至当他们有需求时，适时出现在他们眼前。这样，复购就会自然而然地发生了。

西贝通过运营私域流量，为VIP会员建立了提供专属客户经理服务的群，我也是其中一员。某个星期五下午，我刚好要约请几个朋友吃饭，但一时也还没想好去哪里吃，这时候忽然看见西贝VIP群里有其他会员在预订桌位。在那个瞬间，我就被“提醒”了。

当用户刚有消费需求，但还没有决定去哪里消费时，往往就会给企业“先入为主”的机会。而企业通过建立自己的私域流量池，可以让自己离用户更近，让自己的信息曝光频率更高，时效性更强。并且，在私域流量池里，干扰信息少，用户触达率就更高。

在资讯传播如此便捷的当下，那些在用户手机里还保留着的群和App，一定是用户自己喜欢的，对他而言有价值的，并会常常关注的。企业应该充分利用这些私域资源，不断增加曝光，不断强化记忆，进而提升用户复购。

关于曝光，史玉柱的脑白金广告是个例子。它曾经连续14年稳坐国内保健品单品销量冠军的宝座。那句“今年过节不收礼，收礼只收脑白金”的广告词在各大电视台、媒体广告中重复播放，甚至有些人看到这个广告就故意上厕所来躲开它，但不胜其烦的曝光反而让所有人深深记住了它。在此之后，人们形成了“条件反射”，一提到过年、送礼，就会想到脑白金，自然买的也就多了。

总的来说，做到“好产品”“好服务”“重复曝光”，就可以创造复购了。

私域中的五种复购场景

目前，私域流量池内的成交主要通过两种路径实现，一种是运营

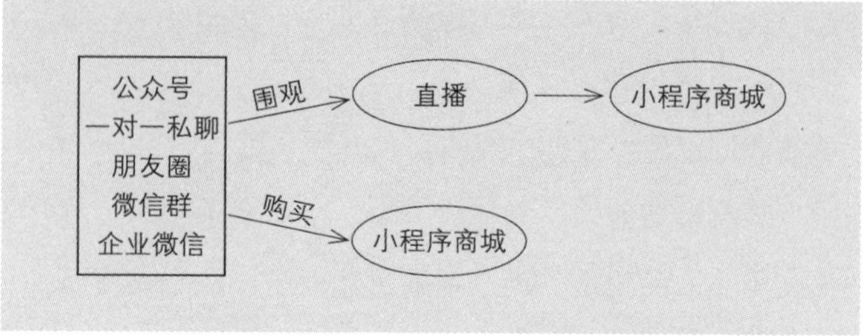

图 7-1　私域成交的两种路径

成交，另一种是直播成交。

在直播没有出现时，企业在私域流量池中会通过公众号、一对一私聊、微信群、朋友圈、企业微信等方式进行内容和活动的运营，然后引导用户到小程序商城成交。一些规模小的商家，也会采用直接收款的方式来成交。

2019年随着带货直播的兴起，尤其是腾讯旗下的小程序直播上线后，看直播变得越来越方便。直播的种类也逐渐多元化，有专门的促销主题直播，也有知识分享主题的直播。企业通过直播这种方式把人聚集在一起，然后引导到小程序商城成交，效率高了很多，这样的直播也被称为私域直播。因为这些直播的用户主要是企业在私域流量池的用户。像李佳琦、薇娅那样在淘宝、抖音平台上的直播，则更多是面向公域流量用户。

从运营和直播两大路径，可以延伸出私域中的五大复购场景。下面我以微信生态为例为大家一一讲述。

第一，公众号场景。这是微信生态中最早出现也最为成熟的成交场景。江南布衣早在2016年就通过微信公众号商城产生了10亿元的年销售额，当时它的公众号矩阵有约120万会员。从公号的图文内容、菜单设计到客服服务，用户都能感受到江南布衣对这块业务的用心。江南布衣让每个门店都推广公众号，引导用户注册会员，很快拥有了庞大的会员储备。

迄今为止，公众号依然是企业大规模沉淀私域流量最便捷、最高效的工具。像西贝、名创优品、百果园、全棉时代等企业，他们的公众号都留存了千万级别的粉丝用户。运营好企业的公众号，既能通过内容创造利他价值，又可以通过一篇带货文章最大化地带来私域流量的转化成交，还能为企业的直播预热引流。

第二，一对一私聊场景。在微信生态中，不论是使用个人微信号还是企业微信，对用户而言都是一种解决问题的途径，用户可以以此找到企业。在私域运营中，主动和被动的私聊都很常见，并且在一些高单价产品的行业，更适合用这种一对一私聊的顾问成交。

前文也提到过，私域中的一线客服不能只是客服，他应该是顾问式销售员。私域流量都是更有价值的用户，用户每个问题的背后其实是潜在的消费需求，更是一次销售机会。

再者，私域流量池中的用户对企业是比较信任的，当他提出问题，企业能较为轻松地挖掘出他的需求。在这一场景下，从回答用户提问转向销售就不显得生硬，反而很自然，用户也能感受到一体化的服务和便利。试想一下，如果客服回答完用户问题后，再让他去别的地方——比如网店或线下购买，一旦逃离出这个场景，用户的消费欲被中断，很有可能就不买了，公司也就失去了一次销售机会。

所以，借助私聊场景成交复购其实是公司与用户双赢的局面。

第三，朋友圈场景。现在的朋友圈有两种方式，一种是个人微信发的朋友圈，另一种是企业微信的朋友圈。每个员工每天可以用自己的企业微信号发布一条信息，这条信息可以被企业微信的好友查看到，还可以评论留言。

朋友圈是一个发信息流广告的地方，相比一对一私聊或群发，它不会让用户感到被骚扰，宣传效率也会更高一些。本书在第五章讲到内容规划时提到的产品相关的部分，其实就是发布一些软性的产品广告。不过，企业要控制好产品销售相关的内容比例，否则容易造成刷屏，引起用户反感。

要想通过朋友圈这个场景做好成交，首先，内容的风格要生活化；然后选好时间点，形成规律的发布时间，保持一定的更新频率；其次，文案要有场景化思维，要让用户对产品有联想使用的欲望。

第四，微信群场景。这也是微信私域池中成交效率很高的地方。很多化妆品、母婴产品、零食、服装都比较适合用微信群成交。微信群相对封闭，信息触达率较高。企业IP通过发红包与忠诚用户互动，再有群助理配合，很容易营造成交购买的氛围。

第五，直播场景。很多人认为直播有点像曾经的电视购物，只是搬到了网上，并且将电话、短信互动变成了更丰富多样的文字、表情、连线互动。直播的优势在于能够呈现丰富的视觉效果，主播的现场形象也会带来真实感和亲切感，对商品本身也会有更立体的展现和解说。它是一种带给用户视觉、听觉购物体验的方式，并且是一对多的销售方式。企业把所有用户引流到直播间，让直播间的主播成为解说员、销售员，引导用户下单成交。最近两年大火的李佳琦、薇娅就是外在形象好、表达能力强、极具语言魅力的主播，他们能够做到一场直播过亿的销售，足见超高的卖货效率。

但是，淘宝直播、抖音直播等公域直播跟私域流量池的直播不同。前者更多面向的是陌生的新用户，后者更多是面向老用户和有信任基础的用户。公域直播主要是为了拉新宣传，并且主播会要求企业给出全网最低价的承诺。而私域流量池的直播却不是这样，它往往不是请知名主播，而是请企业CEO、导购、店长等参与，并且通常不会要求全网最低的折扣。私域直播主要是跟用户拉近关系、发福利，顺便促销商品，甚至有些私域直播是知识型的直播。比如，今天我们常常会看到，做蛋糕的企业直播教用户怎么做蛋糕；餐饮企业直播教用户如何做菜；卖衣服的企业直播教用户如何穿搭。这些都是私域直播常见的形式。在这种内容分享的过程中，用户自然会产生购买需求。私域流量池内的成交是相对温和的，它不像公域直播，需要主播赤裸裸地卖力吆喝。

今天的直播平台和工具非常多，除了腾讯直播、小程序直播，还有淘宝直播、京东直播、抖音直播、快手直播，都可以结合起来创造销售的场景。它们之间只是平台载体不同，但核心创造销售形式都是类似的。

创造私域复购的五种方法

前文讲了在私域流量池中创造复购的五种场景，也相当于是五种渠道。在这些场景下要引导用户产生购买，常常需要具体的方法。这些方法也有五种，包括内容复购、活动复购、顾问式复购、会员制复购，以及直播场景下创造复购。下面我就用一些案例来介绍每种方法该如何应用。

不论在微信生态的私域、淘宝生态的私域，还是企业自建流量池，这些方法都值得借鉴参考。虽然载体不同，但彼此的形式和应用的逻辑都差不多。

1. 内容复购

内容是一个很神奇的东西，它既能成为纯粹的利它工具，比如给用户分享某个技巧、干货、段子，这些跟产品、公司利益毫无关系，也能成为引导成交的工具，比如发一条带货文案，最终引导用户购买产品。如何把内容变成成交工具，考验的是企业内容文案功力。

这里我重点讲讲如何写出有销售力、能带货的文案，这是企业最常遇到的问题。在开始写之前，企业首先明确一点，在朋友圈、微信群或者其他地方推荐某个产品，都要围绕这个产品去描述它。一个成功的有销售力的文案应该是既讲清楚了产品的特点、卖点，又能激发用户对产品的想象，在用户脑海里创造画面感。

罗永浩曾经在直播中卖过一款续写能力极强的中性笔，当时他的文案（话术）是这样的：

> 这支笔的笔芯就是笔本身，能持续写5万字，相当于能写1.6公里，是普通笔芯的6倍，9.9元能买10支，还包邮。

就这么短短约50个字，一下子就把这支笔的特点、卖点、价格和促销情况讲得清清楚楚。这就是文案功底。尤其是5万字和1.6公里这两个数字的组合，一下子让人对这支笔有了画面感。因为光说能写5万字，大家可能没多大概念，但是说1.6公里，人们脑中一下子就有画面：好长啊，这支笔是真的能写。当然，可能其他品牌的中性笔也能写5万字，但是当这些品牌没有形象地描述出来，用户也就没有强烈的画面感。

文案一定要让用户产生想象，让他们脑海中有画面感，有憧憬。这是文案的场景化思维。

除了这样产品描述性的内容，用户的反馈、买家秀也都是很好的创造内容复购的素材。比如，贝小暖就引用了用户的真实经历和感受，创作出一条产品文案，很好地达到了跟用户产生共鸣的效果，甚至引出其他用户的购买需求。

它的文案是这样写的：

唉……又阵亡了好几个旋盖，家人就是喜欢用传统的水煮方式消毒奶瓶，为了保护家里其他产品，快速抱一个消毒锅回家，消毒、烘干、净化空气三合一，一键操作，方便快捷，呵护宝宝的不同阶段。

然后，配上奶盖和消毒锅图片。

紧接着下方评论就有用户问，小款消毒锅多少钱？好用吗？

企业还可以通过分享知识来激发购买需求，我们称之为知识营销。知乎上的很多问答就属于这一类。如今在朋友圈、微信群，大家也会借鉴这样的做法。比如，“蛙先生”就会在朋友圈分享“如何识别劣质的纺织品”。

除了文字性的内容，企业也可以用海报创造复购，因为有些时候海报可能比文字更能打动用户。

但即便同样是海报，在传递信息上也存在优劣。比如同是蓝牙耳机的宣传海报，下面这张海报中（图7–2），一个女生坐在电脑桌前，戴着耳机，手在本子上写东西。电脑里面的男人也戴着耳机。这些元素让我们很容易想到他们在工作，或许是在开会，这是一个用蓝牙通话的工作场景。于是，用户自然而然进入这个使用场景，有了代入感，产生了需求。

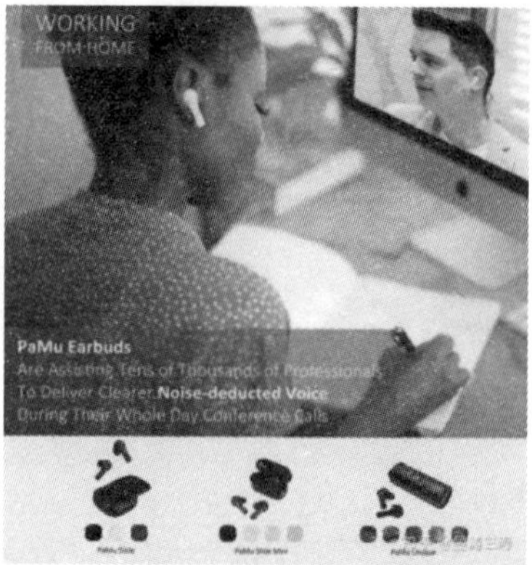

图 7-2　场景化的蓝牙耳机海报

能够唤醒用户需求、刺激购买的海报就有了销售力。相比较而言，我们常常也会看到一些这样的蓝牙耳机海报，仅仅是一个模特戴着或拿着耳机，它只是在做呈现，并没有放到任何使用的场景之中。这样的海报销售力就弱很多。

和文字一样，产品海报也是内容，好海报需要具有场景感和销售力。当然，一个产品的场景有很多，但只要找到用户痛点，组合元素，自然就可以激发消费需求。

比如耳机这个产品，我们也可以再衍生一个场景，通过两张图制造对比。

第一张图：爸爸躺在沙发用手机看电影，声音比较大。儿子在一旁边看书，被吵得用双手捂住耳朵，表情很难受。

另一张图：爸爸戴上蓝牙耳机，同样躺沙发上看电影大片。儿子在旁边愉快地看书。两父子其乐融融。

这种对比也会形成销售力。它会让人思考：我戴耳机可以减少对别人的骚扰，我是否有需要？

所以，用内容创造复购，不管是通过文字还是通过图像，关键是要激发用户的需求，又让他们感受到需求被满足后的场景画面，这样就容易打动用户。

2. 活动复购

营销活动既能够增加用户黏性，也能引导销售。并且，营销活动的规模可大可小，可适用场景的较多。

在私域运营中企业常常会用到不同活动的组合，很少只采用一种活动。下文将罗列一些常用的活动营销形式。

（1）新品试用。企业即将推广新品前，可以在私域用户中做宣传，招募一些试用者，试用之后要求他们写试用体验报告。这一类活动在化妆品（试用）、衣服（试穿）、餐饮（试吃）、科技产品这些行业的使用比较广泛。我就曾经给一家母婴品牌设计过“成为私域用户享有每月新品试用”的特权。这不仅是吸引用户来关注的动力，也是在为后续进行新品宣传、销售做铺垫。

（2）粉丝福利节。企业为私域用户提供福利活动，既是对用户的关怀，也是在创造成交的氛围。比如每年的“双十一”“618”大促，为私域用户准备专场福利，可以是针对某些单品的限量秒杀，也可以是其他渠道的用户享受不到的专供产品，还可以是专属的折扣特权。

（3）小游戏。企业可以通过设计和策划一些娱乐性的小游戏来引导复购。比如，我们曾经帮助一家企业设计了跑步通关的游戏。用户授权登录之后就可以开始玩游戏，整个过程中会有不少障碍物，也会有能量棒，吃掉一块能量棒就能得到优惠券或某种奖品。如果比赛通关了，还能获得抽大奖的机会。这样的小游戏可以结合节假日的主题来调整，比如三八妇女节、五一劳动节、端午节等，策划不同主题的小游戏。

活动复购是非常灵活的，它可以结合新品、促销、节假日、热点事件随时策划。它的核心是吸引用户参与，植入产品，然后创造成交。承载活动的地方，可能是小程序商城、网页或者微信群，并不局限于某个固定地方。

3. 顾问式复购

这个方式往往出现在跟用户一对一私聊的场景中。前文讲过，用户主动找IP是产生销售机会的重要时刻。想要顺利达成顾问式销售的结果，客服除了掌握产品基本知识外，还需要掌握销售技巧，学会挖掘用户的需求。

一个好的销售型客服能够产生巨大的价值。一家知名服装品牌的私域负责人告诉我，他们的优秀私域运营客服一年可以产生高达400万元的销售额，当然，他们的产品客单价大约在1000元左右。

我曾指导过一家母婴品牌搭建私域运营团队。后来，有一位用户在微信上了咨询客服一个问题，客服在服务过程中得知这是一位已经怀孕7个月的待产妈妈。当获得这个信息之后，这位客服就有意识地问用户，是否准备好了待产包。恰巧这位新手妈妈并没有这方面经验，还没有做好这样的准备。于是，客服就分享了一份待产包的清单给她，用户也非常感谢客服。过了一天，这位用户又过来咨询，她希望客服能够帮她挑选一下，看看清单里面有多少产品是他们有的。最后，这位细心的客服竟然用PPT做了一份方案给用户，里面包含了产品图、价格、链接等，各种信息清晰可见。这位用户自然就被感动了，而且里面的东西确实有用，比起自己挑选更省时省力。最后她一下子订购了将近1万元钱的待产包产品，这相当于他们一个线下门店日常1天的营业额。

事后该团队表扬了这名客服，我也跟他们公司提议，未来应该要给客服人员一定的销售提成，因为他们不仅仅是客服，还是一名销售顾问。

类似这样的例子，今天在私域流量运营中已经层出不穷了。优秀的运营客服的确确能创造更好的销售业绩，带来更丰厚的利润。

4. 会员制复购

相比前文三种创造复购的方法，会员制创造复购是与众不同的。前三种方式是通过企业大量主动的运营工作来引导复购，但是会员制复购则是让用户主动过来购买。只有让用户主动想起，主动来购买，才是对企业而言最长久、最轻松的复购方式。

会员制是通过给用户一种身份特权，让他们对这个身份产生依赖，从而锁定用户消费行为的一种制度。这种方式也就是本书后面会讲到的“打造超级用户”。

雷军曾经说，他最羡慕的商业模式就是全球知名会员制品牌好市多（Costco），物美价廉，顾客即便闭着眼睛买，买到的也都是喜欢的东西。的确如此，好市多目前每年的付费会员续费率高达90%，说明它一年后用户的留存率有九成。对比一下中国的企业，我们的复购率往往都不高，用户忠诚度很低。当然，根据行业不同会有差别，但往往续费率能达到10%、20%就已经很不错了。

会员制能够创造更大的复购消费额，这是毋庸置疑的。我曾经在研究会员制案例时专门对比过一些企业会员消费情况，比如2017年时，京东的Plus会员消费是普通用户的9倍；华住酒店的金会员用户一年的消费是普通用户的3—6倍；2020年，西贝会员中心高级总监魏骅然在一次采访中说，西贝的付费会员对门店营收的贡献已经占比40%，并且他们的消费频次是普通用户的1.2倍。

为了提升用户的复购，如今很多零售企业都开始尝试会员制模式，比如西贝、百果园、美的、孩子王等。但是，企业构建会员制体系并不是简单地设计一些会员服务，然后定个价格就可以了，这里面会有一整套体系和流程，我会在后文的超级用户部分重点讲解。

5. 直播复购

直播是私域复购的重要场景之一。直播分为公域直播和私域直播两类。对绝大多数企业而言，私域直播才是今天企业良性的直播方式，它既不需要把商品打折到全网最低价，也不需要花大价钱请网红、明星来站台。靠一次公域直播就赚几千万、上亿销售额的企业总归是少数，并且如此之高的销售额背后又有多少看不见的资源投入呢?

当然，我并不是完全否定公域直播，而是建议企业根据自身资源和需求客观衡量。而且公域直播和私域直播并不对立，公域直播电商和私域直播电商可以结合起来，形成一个交易闭环，如图7–3所示。

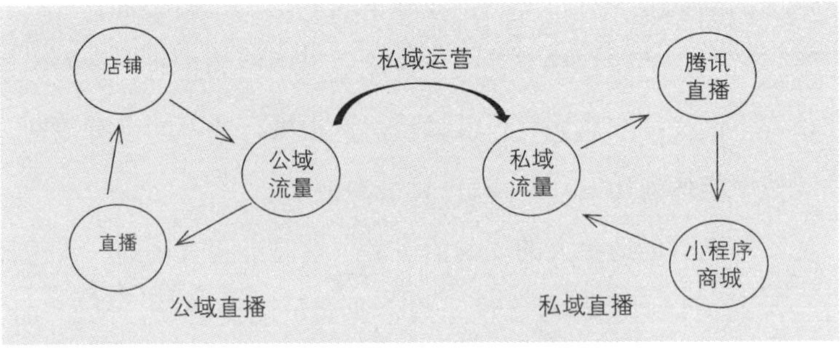

图 7–3　企业直播带货的闭环

直播利用好了，可以成为高效销售转化的渠道。但现实中，要想在私域直播复购方面取得好的成效，直播团队的构建和直播前的准备非常重要。

构建直播基础团队

一家零售品牌企业或电商公司，如果准备长期开展直播电商带货，靠单个人的力量很难把这件事情做好，因此必须先成立一个直播团队。私域直播团队最重要的是策划和执行，整个团队至少需要4个人。

（1）直播运营相当于直播的总导演。其具体工作包含：

· 规划正常直播内容。确定直播的主题是日常直播还是官方活动直播，然后根据主题去匹配货品和利益点，还要规划好开播的时间段、流量和流量的来源、直播的玩法等。

· 团队协调。一方面是外部协调，比如封面图的拍摄、奖品发放、仓库部门的协调；另一方面是内部协调，包含协调直播人员的直播时间，直播期间出现的问题等。

· 复盘。在直播完成以后，先要根据部门人员配合的表现，再加上用户数据上的反馈，与前期制定的方案和目标进行详细的数据复盘，吸取经验，总结教训，争取下次改进。

（2）直播场控的作用主要是执行直播策划方案，在直播现场协助主播按照方案、计划进行，保证直播现场顺利进行。他的主要工作是：

· 开播前进行相关软硬件的调试。

· 开播后负责好中控台所有相关的后台操作，包括直播推送、公告、上架产品等。

· 数据监测。实时监测包括实时在线人数峰值、商品点击率等在内的数据，出现异常情况时要反馈给直播运营。

· 指令的接收及传达。比如直播运营有传达的信息，场控就要传达给主播和助理，让他们去告诉观众。

（3）主播是整个直播流程的主角，既是产品讲解员，又是销售员。他的主要工作是：

· 开播前，要做到把控整场直播节奏，熟悉产品特性、脚本、利益点等，达到表达相对流畅的水平，便于用户的转化。

· 直播中，注意活跃直播间的气氛，做好粉丝的答疑和与粉丝之间的互动，引导新粉的关注、用户下单购买，需要时刻注意自己在镜头前的表现。

· 下播后，如果是公司培养的专业主播，则需要公司在日常运营中通过更多的渠道进行主播IP的打造和宣传，比如店铺主图、店铺首页海报、店铺群等，以及在主播个人微信群、微信号、抖音等新媒体平台上的持续运营、曝光。只有主播不断提升曝光度，加强个人IP品牌塑造，未来才能吸引更多用户，建立更强的信任度。

（4）主播助理的职责主要是配合主播展示产品，与观众互动。他的日常工作主要有：

· 开播前需要确认货品、样品及道具的准备是否就位。

· 开播进行过程中要配合场控去协调主播，当观众比较多而主播在讲解时，他可以帮助做互动答疑、链接发送、宝贝展示及货品整理等工作。

以上这四个岗位是企业做直播的标配，企业也可以根据实际情况调整。

做好直播前的准备工作

直播主播是一个人唱主角，越大的公司，在直播环节涉及的人和环节就越复杂。总的来说，不论公司规模大小，直播前期的准备工作都是一样的，主要涉及以下几点：

（1）选品工作

选品分两种情况，一种是直播卖公司自己品牌或生产的产品，另一种是卖招商过来的别人家的产品。这个时候选择的维度会不一样。

如果是卖自己的产品，所选出的产品要具备性价比高、符合当下需求、用户口碑好、粉丝需求大这四个特点。

如果是卖别人的产品，首先要分析企业的受众，根据用户画像去找用户喜欢什么类型的产品、什么价格的产品。其次是分析所选定商品本身，是否满足企业受众的需求。

总的来说，目前直播“好物”的普遍判断标准有：高性价比、高匹配度、需求及时性、产品独特性、粉丝需求、市场热度等。

（2）空间、灯光和道具的布置

对此，我简单整理了一些技巧和原则，见表7–1。

表7–1　直播准备工作

<table>
<tr><td rowspan="2">空间布置</td><td>服装类</td><td>衣架，挂满需要推介的产品。
假人/真人模特1—2个。
地毯，根据服装风格搭配。</td></tr>
<tr><td>美妆护肤类</td><td>专用直播桌（长时间坐姿）。
站姿直播需要匹配化妆镜。
直播区可选择门店展示柜（品牌方）。</td></tr>
<tr><td rowspan="3">灯光布置</td><td>原则</td><td>直播灯光和背景颜色匹配，不花哨。
白色墙面易出现曝光，灯光不要直射墙面。
建议背景颜色使用浅灰色或浅棕色，突出主播。
主播脸部光照均匀。</td></tr>
<tr><td>服装鞋靴/美妆护肤类</td><td>多为白色系冷光，保证服装和化妆品的最佳展示状态。</td></tr>
<tr><td>蛋糕店/食品类</td><td>暖色系灯光，烘托美食色泽，让观众更有食欲。</td></tr>
<tr><td rowspan="2">道具准备</td><td>展示板/小黑板</td><td>码数/色号展示，减少客服压力。
展示当日福利产品。
写清发货情况及特殊说明。</td></tr>
<tr><td>计算器/秒表</td><td>替粉丝算笔账。
营造抢购紧迫感。</td></tr>
</table>

（3）直播间活动类型

通常企业需要在直播间设计一些福利活动，来保持观众的注意力及活跃度。主要的活动手段和内容，我总结为以下五种（见表7–2）：

表7–2　直播活动内容安排

序号	活动	目　　的
1	开场满送	开播前聚集人气，直播间达到某人数时开启抽奖。
2	整点抽奖	截屏抽奖，让粉丝持续关注直播。
3	问答抽奖	问答抽奖调动直播间气氛。

续表

序号	活动	目　　的
4	限量秒杀	使用季节性爆款做限量秒杀，在直播间氛围低的时候推出，瞬间拉高人气。
5	神秘黑盒	可使用福袋、商品搭配、一口定价、盲拍、开袋惊喜等不同形式，给粉丝带来惊喜感。

（4）直播的流程安排

企业直播的长短时间不一样，具体直播的安排内容也不一样。以晚上8点到9点一个小时的服装直播流程安排为例（见表7-3）：

表7-3　直播时间安排表

直播时间 20：00-21：10			
序号	时间计划	直播流程	直播内容
1	20：00-20：10	10分钟预热时间，主播打招呼，与粉丝互动，透露本场直播主题。	一边互动，一边介绍身边产品，透露今日的新款和主推款。
2	20：10-20：15	5分钟抽奖时间。	烘托直播间氛围，制造紧张感。 加微信联系得奖人收货，引导转发直播间，预告下轮活动（主要是让直播间的粉丝引流、裂变。）
3	20：15-20：35	20分钟产品介绍，讲解2—4件产品。	展示款式、颜色、面料、舒适度、搭配效果等。 每款讲解5分钟左右，分别搭配展示（具体时间看产品种类和时间节奏而定）。
4	20：35-20：40	5分钟秒杀活动时间。	如有秒杀款，则主推秒杀产品（品牌方可适当减少力度和秒杀数量）。
5	20：40-21：00	20分钟产品介绍，讲解3—5件产品。	1. 展示款式、颜色、面料、舒适度、搭配效果等。 2. 每款讲解5分钟左右，分别搭配展示（具体时间看产品种类和时间节奏而定）。

续表

直播时间20：00-21：10			
序号	时间计划	直播流程	直播内容
6	21：00-21：10	结束语，引导粉丝下单，预告下次直播内容。	最后几分钟用于回答粉丝的商品问题，引流到微信等。
备注	注意在直播中使用流行称谓		

可以看到，一场直播主要分为预热、抽奖、产品介绍、引导下单、下期预告这几个环节。如果时间更长，就可以再增加一些产品讲解、互动环节。

（5）主播的包装与能力要求

对主播进行清晰的人设IP定位，这是私域直播后续成功的关键。无论是李佳琦、薇娅，还是董明珠、罗永浩，他们之所以受到用户欢迎，跟他们自身彰显的IP形象是分不开的。IP形象越清晰，越能引起用户注意力、被人记住，未来的销售转化力也越强。

主播IP需要在生活、专业、态度价值观方面进行特定的设计和定位，给用户创造独特的记忆印象，最终拉近品牌跟用户的距离。

对主播人设的包装可以根据主播的性格结合商品、品牌、用户喜好来进行打造。但主播不需要时时刻刻满足网友喜好，只要在重要时间能够充分满足网友的需求即可。

主播自身的能力也同样关键。一名优秀的主播通常需要具备以下四种能力：

· 语言、肢体表达：对商品卖点的讲解，并且穿插互动，良好的沟通表达能带动用户轻松愉快地购买。

· 专业度：清晰掌握产品的卖点和用户的痛点，真诚地帮助用户选品推荐，做到有理有据。

· 心理素质：能够稳定自如地应对直播过程中的突发情况，完美解答客户的各种疑问和质疑。

· 幽默技巧：能够使用幽默的语言，让带货直播不枯燥。

（6）直播脚本准备

直播就像一场戏，直播运营是导演，主播是演员。既然如此，直播都应该有自己的脚本。脚本策划这项工作主要有三个重要环节。

第一是直播脚本设计。脚本设计需要关注以下这些问题：一次直播的流程是怎么样的，它的亮点和定位是什么？如何创造销售场景或吸引用户购买，成交的路径怎么设置？整个直播中如何不断地抓住用户眼球，吸引他们的注意力？

第二是直播脚本的彩排测试。这个环节很重要。再好的脚本都需要在上台前仔细地练习。直播团队每个人都要分工明确、掌控脚本时间、全流程彩排、检查商品物料。彩排测试应做到精确计算，确保直播时尽可能万无一失。

第三是直播的内部试播及关键点再次测试。这整个环节需要在真实环境下模拟演练，找出问题，训练团队的配合默契度。当这些完成之后，可以根据反馈再次调整。

当上面的工作都做完，一切准备就绪，就可以进入到直播环节，通过直播创造复购了。

到这里，私域流量运营的五步法则就全部介绍完了。首先建立品牌IP，创造人格化角色，拉近跟用户的关系；然后进入到连接环节，通过设计长期价值和短期利益，最大化地吸引有效用户；接着进入促活流程，通过各种促活方式保持私域用户的活跃度、记忆度，强化信任关系；再通过分层，建立精准的用户标签，实现精准营销和关怀，降低骚扰，提升用户体验；最后进入复购成交环节，这是运营的变现，也是私域运营的价值呈现。

通过这种不断的循环运营，企业就能不断创造用户复购。当我们建立了对私域流量的正确认知，就会懂得它对于企业的巨大价值。

当某个用户复购越多，忠诚度越高，他就越有可能加入企业的付费会员计划，享受特殊权益和服务，从而进化为企业的超级用户。这个过程不仅是用户跟企业的信任关系在加强，还意味着企业能从用户身上挖掘更大的终身价值。

私域流量不是终点，而是打造超级用户的起点。

下篇

在私域中打造超级用户

第八章 认识企业超级用户

私域流量只是开始，在精细化运营的道路上，企业还要继续深挖客户终身价值，找到那些真正热爱、忠诚于企业的用户，这些人是企业能成为超级品牌的基石。他们就是企业超级用户，也是私域流量持续发展的必然阶段。今天我们能想到的任何一家超级品牌企业，不论国内还是国际，都拥有自己的超级用户，这些用户拥有强大的消费力和忠诚度，潜力巨大。

那到底什么是超级用户呢？他们具体有什么特点和价值？从私域流量到超级用户又有什么不同？超级用户真的靠谱吗？这一章我们就先来了解这些重要内容。

什么是超级用户

我们都听说过“超级英雄”“超级明星”这样的词语，“超级”两个字总会让人觉得很兴奋，因为它大概率意味着很厉害的好东西。同理，“超级用户”也一定跟普通用户不一样，他们应该对企业更重要，贡献价值更大。

事实是否真的如此？所谓的“超级用户”，到底是怎样的一群人？

我们先通过一个故事来认识他们。

我有个朋友叫安柒，第一次跟她深入接触是在一次培训课上。第一天上午上课的时候，我发现她点了两杯咖啡，刚开始还以为其中一杯是她给同事点的，结果后来发现她一个人全喝掉了。下午上课，我看见她又点了两杯咖啡，于是就忍不住问她："你很喜欢喝咖啡？"

她说："是啊，我是咖啡控，算是重度的那种，每天至少要喝两杯。像培训课这种特殊场合，一天能喝四杯。"

我于是愈发好奇了，接着询问她："那你肯定是星巴克的付费会员吧？"她说："必须是啊，我是他们家的重度会员，差不多每个月要花2000元钱喝咖啡。"

接着，她就跟我吐槽了自己最近和星巴克的小故事。原来，离她公司最近的这家星巴克门店超过了外卖的配送范围，即使点了也送不了，只能自己开车出去买，所以她每天买咖啡就特别不方便。因为这件事，她专门给附近的星巴克门店写了建议，询问能不能为她每天固定配送两杯咖啡，她可以额外支付配送费。但几个月过去了，一直没收到星巴克的回信。

听完她的故事，你是不是也为这样一个忠实用户的行为而惊讶？因为不能每天方便地喝到星巴克咖啡，所以主动联系附近的门店，并且还保证每日固定消费，愿意支付额外的配送费。如果喝杯咖啡要这么麻烦，换作普通用户，早就放弃或者转向其他的品牌了。也只有她这样的品牌"超级用户"，才会始终坚持。

关于什么是企业的超级用户，现在你的脑海里应该有概念和画面了吧？

所谓企业的超级用户，首先一定是企业产品的重度用户，对产品的需求频率很高；其次，他们在未来一段时间内，有明确意愿持续消费企业的产品和服务，目前主要体现在愿意花钱成为企业的付费会员上。

在这个定义中有两个关键点，一是**重度用户**；二是**有明确的持续消费意愿**。

在上面的故事里，安柒就是咖啡的重度用户，她的需求频率很高，平均每天2杯，特殊场合还加倍。不过，即便每天喝2杯，一年下来也要喝730杯。相比每周1杯，即一年52杯的普通用户，安柒一个人的消费量相当于15个普通用户。这么一算，我们很快就能看出这位重度用户的价值。

不仅如此，她还有明确的意愿持续喝星巴克，否则她就没有动力去做那些“麻烦的事”。

看到这里可能很多企业想问，这样的超级用户是天生存在的吗，我们能不能培养？

答案是肯定的，因为人的需求是能够被创造和激发的。一个普通用户变成超级用户，培养的方式有很多种。除了被企业培养外，还有一种重要的方式，就是受其他超级用户的影响。

我自己就是个典型的例子。从一个不喝精酿啤酒的人，我渐渐被身边的朋友影响，最终变成了精酿啤酒的超级用户。以前我主要喝些国产啤酒，就是很常见的雪花啤酒、哈尔滨啤酒、青岛啤酒等。后来我认识了一位一起创业的朋友，他是个美食达人，更是一个啤酒控，而且是个精酿啤酒的“超级用户”。

那段时间，他经常约我在啤酒吧讨论工作，每次都会喝些啤酒。他很少喝国产啤酒，只喝精酿的，除非当天酒吧真的没有了。在和他交流的中，他不仅跟我讲授啤酒文化，还分享了喝啤酒的方法。于是在他的影响下，我开始走上喝精酿啤酒的道路，从福佳白到粉象、罗斯福，还有鹅岛。时间长了，我形成了主动喝精酿啤酒的习惯，现在家里基本随时囤着精酿啤酒。

所以，超级用户并非天生，消费需求和兴趣都是可以被创造、被影响、被强化的。

当然作为企业的超级用户，除了有重度需求，还要表现出“明确的持续消费意愿”，这点也是企业识别普通用户和超级用户的关键。

现在很多的企业主要是通过付费会员的方式来判断这种持续消费的意愿。当一个用户愿意花钱购买企业提供的超级用户权益，成为企业的付费会员，就代表他是企业的超级用户了。

就像安柒，她花了98元购买星巴克会员，就说明她不仅认可星巴克当前的产品和服务，而且愿意以后持续消费。相应地，升级成为星巴克“超级用户”后，安柒享有超级用户的优待和特权服务。同时对星巴克而言，他们也会对这样的用户更加重视。

现在，越来越多的企业都开始推出超级用户计划，其中既有平台类企业，比如京东、苏宁易购、淘宝，也有零售品牌的企业，比如西贝、百果园、江南布衣等。还有一些数字化虚拟产品的企业，比如网易云音乐、迅雷、WPS等。

超级用户的四大消费特点

为什么如此多的企业都这么重视超级用户呢？

赢利是企业经营的一大目的，而超级用户具备了四个“超值钱”

的消费特点——高复购、高消费力、高忠诚度以及愿意推荐和分享，可以为企业带来更多的利润。

1. 高复购

在超级用户的定义中强调过，他们是产品的重度用户，有着重度需求，复购频率自然比普通用户高。所以，这时候企业不需要再想方设法创造需求，只需要做好产品和服务就行。比如前文讲到的安柒，作为咖啡重度用户，每天至少喝两杯咖啡。这样的用户越多，企业获得的利润也就越多，因为他们的每一次复购几乎不需要获客成本。

2. 高消费力

安柒每天喝两杯咖啡，还愿意主动给星巴克付支付额外的配送费，这说明她不属于价格敏感型用户。

超级用户们的经济实力通常都还可以，他们不会老盯着企业有没有折扣，等到有优惠才消费，但这里提到的“高消费力”却并不指代他们都拥有高额的收入和财富，而是指他们愿意最大限度地为自己喜欢的产品和品牌花钱。

比如我身边有些年轻的同事，特别喜欢苹果的产品，虽然自己工资不高，但是只要苹果一推出新产品，他们宁愿在其他方面节省而去购买。

这些拥有“高消费力”的人是给企业贡献高利润的用户，他们的数量越多，企业的赢利能力就越好。

3. 高忠诚度

超级用户不会像普通用户一样，遇到一些产品问题就一言不发直接投入另一家店或者品牌的怀抱，相反，他们会提出意见、建议，甚至直白的批评。这就是高忠诚度的体现。如果企业善于利用这些声音，不断优化产品和服务体验，就能在无形之中提升企业的竞争力。

比如，安柒知道自己公司的位置不在星巴克的配送范围内，但她没有直接放弃星巴克，去买瑞幸咖啡，而是首先联系附近的门店，表达自己的需求，然后提出解决问题的建议。

超级用户会把企业当“自己人”，相比普通用户，他们对企业的信任不仅仅停留在产品、服务、体验层面，而是会对企业文化、价值观产生共鸣认同，与企业产生“感情”“精神”的连接。而有了“情感基础”的关系，自然会更加牢固。

4. 愿意推荐和分享

一般来说，人们都愿意分享和推荐那些发自内心喜欢和认可的东西，哪怕没有利益驱动。口碑最早就是这样产生的。

一个人成为企业的超级用户，首先表示他认可这个品牌或者产品，其次因为他拥有跟普通用户不一样的身份，享有商品和服务的特权，也拥有了精神层面的满足感。

以我为例，由于我平时经常出差，住酒店是家常便饭，于是我便成了一家酒店集团的超级用户。这样每次住酒店不光有优惠，还有很多特权服务，比如免费早餐、下午茶、延迟退房、入住关怀提醒、生日礼等。

后来酒店推出了一个针对超级用户的福利活动，每年给超级用户赠送一至两个同等超级用户资格的名额，而这个资格原本是要花219元才能获得的。因为一直享受着他们的优质服务，所以我很乐意把这两个免费名额分享给身边有商旅需求的同事和朋友。平常碰到一些朋友吐槽某些酒店服务糟糕的时候，我也会主动推荐这家酒店。

知名市场调研机构尼尔森曾有一份报告数据指出，超级用户的消费力是普通用户的5—10倍，企业的超级用户每增加1%，会带来10%—15%的普通用户新增数。

这些数据正好符合超级用户的四个消费特点。

事实上，超级用户在企业用户总数中只是少数部分，通常占比不超过20%，但他们却能贡献80%的利润，这便是“二八定律”。反过来，这也促使企业把80%的精力和时间花在20%的超级用户身上，这才是企业最高效的资源配置。

超级用户背后的商业原理

超级用户被企业广泛重视和认可，除了非常直观地带来更多利润外，还有更加深刻的原因。它并不像如今很多人说的那样，只是一个简单的概念或者风口，通过仔细研究，我发现超级用户背后其实遵循了一些基本的商业逻辑和原理。

1. 客户终身价值

很多人只知道客户价值，未必知道什么是客户终身价值。从概念上讲，客户终身价值，是指每个客户在未来有可能给企业带来的收益总和。它也叫用户终身价值，英文简写为LTV（life time value）。

不过，企业在具体计算一个客户终身价值的时候，常常会设定一段时间，比如以五年为期限。然后，企业会把每个客户带来的收益价值分为三部分。

第一部分叫历史价值，是指客户到现在为止已经贡献的价值。这个价值主要包括已经贡献的销售收入和沉淀下来的消费数据价值。

第二部分叫当前价值，是指客户按照自己当下的消费习惯和模式，在未来的一段时间内能够给企业创造的销售价值。

第三个叫潜在价值，是指客户除了购买现有产品，还可能购买公司的其他产品，以及他向别人推荐本公司的产品，所带来的两方面的价值之和。

举一个具体的例子。假设我过去在京东消费3年，总共花了3万元钱，这3万元以及我产生的消费数据就是历史价值。

我现在还保持每年在京东消费1万元钱，按照这个模式，以5年为例，那我对京东的当前价值就是5万元。

如果说京东除了卖百货，未来还会卖保险，那我可能也会去消费。同时，我很喜欢京东的品质和服务，于是每年还会推荐一些同事或朋友去京东上消费。那这两部分创造的销售价值就是潜在价值。

当企业能从历史价值、当前价值、潜在价值这三个维度来衡量客户的价值，在经营客户、服务客户方面就不会局限，我们也就能理解为什么有些企业非常重视客户服务，尤其是服务好老用户了。打造超级用户，其实就是基于历史价值，深挖客户的当前价值和潜在价值。

2. 顾客份额

所谓顾客份额，是指企业提供的产品和服务占客户整个消费支出的百分比。打个比方，我一年在网络购物上花费5万元，而我在京东上花了3万元，则京东产品所占据的我的顾客份额就是60%。

占据的顾客份额越大，就说明客户更愿意在这个产品或品牌身上花钱，贡献的利润就越多，对它的依赖也越强。换句话说，他们对这个品牌更加认可和信任。

所以，企业把普通用户培养成超级用户，能够提高企业占据的顾客份额，进而建立品牌忠诚度。

比如，我以前还会在天猫、亚马逊买点东西，当我成为京东Plus会员之后，就几乎不在其他平台买了。不仅如此，我还主动让家里人用我的会员账号在京东买东西，相当于将整个家庭的网购消费都集中到京东平台。于是，京东占据的我的顾客份额就越来越大，我离开京东转向其他平台的可能性就越来越小了。

3. 二八定律法则

从企业经营的角度来讲，二八定律是指80%的公司利润来自20%的重要客户，其余20%的利润来源于80%的普通客户。而超级用户正是那20%的重要客户。

下面讲一个关于美国企业家威廉·穆尔的故事，我们可以看看他是如何利用二八定律实现成功的。

威廉·穆尔曾经为一家公司销售油漆，刚开始的第一个月里他仅仅挣了160美元，后来他接触到二八定律，并且进行仔细研究，然后大受启发。他分析了自己所有的销售客户和销售报表，发现80%的收益确实来自20%的客户，所以他立马反思自己维护这些客户的时间和精力，又发现自己对所有的客户花费了同样多的时间，这就是失败的主要原因。

后来他做了调整，把最不活跃的36个客户分配给了其他的销售员，而自己把主要的精力集中在最有希望、最重要的客户身上。通过这样的方式，他一个月之后就赚到了1000美元，相当于之前收入的6倍。就这样，他坚持了9年，最后终于成功地拥有了自己的公司。

通过这个故事，我们可以深刻体会到两点。

第一，企业对待客户不应该一视同仁，需要把主要精力和资源放到最重要的客户，即超级用户身上，因为他们花的钱更多，贡献给企业的利润也更多。

第二，企业必须要找到培养和筛选超级用户的方法，才能不断发展。

4. 三度影响力

三度影响力，是美国营销专家克里斯·塔基斯在《大连接》一书中提出的。他认为，一个人对处于三度以内的人是有影响力的，并且能够引发他们的行为。这也是所谓的强关系连接效应。

举个例子，以我为中心，好友A是我的一度关系，好友A的朋友B是我的二度关系，B的好朋友C就是我的三度关系。当我向A推荐一本书，A购买的动力是50%，B购买的动力是25%，C购买的动力12.5%。而对C的朋友，我的影响力就几乎没有了。

企业的超级用户跟企业是强关系，所以可以通过超级用户的影响力挖掘到新的客户。

而且超级用户本身愿意分享，只要方法合适，企业就可以利用社交关系形实现裂变传播。

所以说，超级用户不仅是超级消费者，还是品牌的超级传播者。

知道了超级用户背后的商业原理，我们就能更加明白超级用户的巨大价值。它并不是一个概念性的热词，而是企业经营中必须重视和要去做的一项工作。

从流量思维到超级用户思维

有一次，我参加一个社交电商平台的周年庆。我旁边刚好坐了一位业务做得最好的负责人，她此前是做传统微商的。她知道我是演讲嘉宾，讲的话题是如何打造品牌IP，于是就跟我聊了起来。她说，他们也需要建立个人IP的品牌，这样粉丝才会更加信任。出于好奇，我问她，你们现在是怎么把产品卖出去的？

她说，以前微商团队有几千人，靠积压库存，拼命卖产品。但现在做的跟传统微商有很大不同，传统微商总想着把一款产品卖给1000人，所以，从上到下，拼命地层层招代理，做培训，拉新人，卖完一批就换一个产品。产品一换，目标用户也发生了变化，以前积累的用户就都没用了，只能再找新的用户。

但现在思路不同了，现在他们想的是怎么让一个客户买1000次。这样就不需要总去找新用户了，最重要的事变成了选择好的产品，维护好老用户。只要老用户不断地消费，就能赚得比原先更多。

所以，现在他们团队的重心是做好用户运营，跟用户做朋友，互相建立信任。在她看来，只有提供好的产品，做好服务，保持信任，才能让公司的业绩更好。

从她的话中，我非常明显感受到了一个团队从流量思维到超级用户思维的转变。传统微商就是典型的流量思维，而现在社交电商就是超级用户思维。

所谓流量思维，是不断通过寻找新用户，获取低成本流量来实现销售增长。这种思维模式下的企业是“向外求”。这类企业的典型特征是，经常使用促销打折、大量投放广告、电话营销、举办充满套路的活动、裂变分销等营销方式。事实上，这种促销打折方式会伤害到用户体验，毕竟谁也不愿意看到自己刚购买的产品没多久就大幅降价。还有一些强制裂变，电话骚扰的暴力营销的方式同样也会伤害用户体验。最后一旦停下促销、广告，产品的销量就会锐减。

目前仍保持流量思维的企业可分为两类。一类是由企业的商业模式决定的。这类企业的产品单一、耐用，消费频率低，用户的复购次数有限，所以必须不断获取新客、新流量来提高效益。比如家用电器、床上用品、房屋、婚纱照等，用户很难一年内消费好多次。另一类是觉悟不够的企业。他们的产品属于高频复购，但企业没有意识到这一点，自身也不具备留存用户的能力，只能陷入不断获取新用户保持增长的怪圈中。这样的企业非常多，他们也是从外部拉流量。

那什么是超级用户思维呢？

它是以用户为中心，通过不断提供优质产品、服务和体验来留住老用户，创造二次复购，并且善于激发用户口碑带来新用户的增长。

拥有超级用户思维的企业懂得“向内求”，他们会通过对老用户的精心维护来挖掘他们的价值。

上述故事中的负责人就是如此。当她有足够多优质的产品时，就可以致力于通过服务好老用户创造二次消费，实现增长。未来，他们还可以对复购多的用户进行分层，设计会员等级，来提供差异化服务。这些都是深挖用户价值的运营动作。

如此一对比，似乎流量思维已经过时，应该被摒弃，但实际并非如此。流量思维和超级用户思维，企业都应该具备，缺少任何一种都会影响企业的长远发展。关键是，企业要在不同阶段有所侧重。

流量思维更关注扩大用户的规模和低成本流量，所以在新兴市场或者流量红利阶段，企业可以借助这种思维快速“跑马圈地”。

而超级用户思维更关注用户终身价值和用户的生命周期。它的核心与私域流量一样，是客户经营，对客户关系的管理属于精细化的运营。市场竞争越是激烈，企业就越需要精细化运营，提升用户利用率，改善企业和用户的关系。这样才能使企业立于不败之地，成就品牌。

相应地，这两种思维也对应着不同的营销模式。

流量思维是漏斗模式，而超级用户思维是沙漏模式，如图8-1所示。

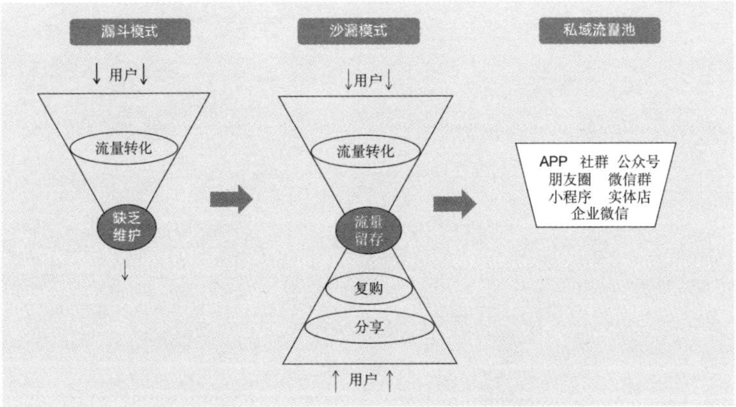

图 8-1 漏斗模式和沙漏模式

漏斗模式只有用户吸引和用户转化，但缺乏对用户的留存和维护，它的底部是缺失的，所以用户最终会慢慢流失。在这一模式下，企业永远在拉新，但一停止广告和拉新动作，产品销售就会下降。

而沙漏模式是一个完整的良性的闭环。从用户的吸引、用户转化、用户留存、用户复购再到分享裂变，是一个完整的客户关系管理的过程。只有这样，企业才能有沉淀客户，让客户产生复购，最终形成品牌。

中国的市场竞争已经从产品竞争向品牌竞争升级，这个过程中的取胜关键就是经营客户关系。打造超级用户是在私域流量基础上的升级，它对应的是更精细化的运营，而这也是企业发展的必然之路。

第九章 找到潜在超级用户

超级用户无处不在，但又并非每个用户都能成为企业的超级用户。超级用户的价值很大，但并非每家企业都适合培养超级用户。从私域流量到成为企业的超级用户，这是一个筛选转化的过程，也是一个用户逐渐进化升级的过程。它需要企业投入大量的物力和精力。

企业要想打造超级用户，应先弄清楚普通用户进化为超级用户的阶段，然后掌握找到潜在的超级用户的方法，搞清楚这些方法的特点，知道如何去辨别他们，最终利用有效渠道触达他们，促使他们转化为超级用户。

这一章我就要回答上面的疑问，告诉大家如何找到企业的潜在超级用户，为培养超级用户做准备。

哪些企业适合培养超级用户

拥有超级用户对企业而言很有好处，但是不是所有的企业都适合培养超级用户，那么，哪些企业不适合，或者说具备什么特点的企业才适合培育超级用户呢?

最关键的判断因素是复购频次，它决定了一家企业是否值得在超级用户上花费精力。

一般情况来说，如果一家企业的产品能让一个用户在一年之内有5次及以上的购买需求，那么这个企业就比较适合打造超级用户。一个用户能重复消费5次，基本上就算是企业的忠实用户了。

当然，行业不同，产品不同，用户的复购频次也有区别。一些需求低频，但客单价高的产品，如珠宝，就不一定需要5次了。

曾有一家珠宝企业，他们的产品都不便宜，客单价都在1万元左右，这类产品肯定不属于高频消费的产品。但是，他们的客户一年通常会有2–3次的重复消费需求，虽然没达到5次，但他们依然是适合打超级用户的。因为当我们分析维护一个用户的投资回报比时，很明显就能发现珠宝客户是值得被这样维护经营的。

另外，这里的复购需求跟大家平常理解的不太一样。

这里的复购，并不单单指企业某个产品的复购次数，而是用户对企业所有产品的自然需求频次。以小米为例，用户可能两年才换一次手机，但是小米出了数百种商品，这就大大增加了用户复购的机会。

而这里的复购需求，是指用户对产品的自发性需求。比如百果园、西贝、周黑鸭、京东这些企业的商品，用户自发性购买的需求频次几乎是每天都有。但是，汽车、油烟机、沙发这些耐用商品，用户不可能每月都买，因此自发性购买需求比较低，这样的企业要想打造超级用户就很难。

下面我总结了六类适合打造超级用户的行业和企业，可供大家参考。

第一类是平台类企业。这类平台上有大量的商品和服务，能够满足用户衣食住行各个方面的需求，所以用户的复购频次是非常高的。京东最早推出付费会员制，接着国内的淘宝、唯品会、苏宁易购等都开始实行会员制，这些平台都拥有着海量产品。除了综合类电商平台，其他领域的综合类平台同样适合，比如携程、去哪儿、爱奇艺、网易音乐等，事实上他们也都在做了。海量产品能够带来高频复购机会。

第二类是线下购物超市或便利店。这类企业也拥有丰富的产品种类，能够满足不同人的不同需求，用户一年的复购频次远远大于5次，所以这些企业也非常适合打造超级用户。比如，沃尔玛、全家便利店、屈臣氏、红星美凯龙、银泰等就是这样的企业。当然，不少这类的企业已经开启付费会员制了，比如全家的集享卡、沃尔玛旗下的山姆会员店、银泰365会员等。

第三类是产品种类丰富的零售品牌，如无印良品、全棉时代、优衣库、名创优品、江南布衣等。他们虽然是一个产品品牌，但是产品种类较多，而且产品属于低价高频类，用户在一年之内跟企业发生交易的次数也往往大于5次，因此这类企业也很适合开展付费会员业务，筛选超级用户。2019年我在跟江南布衣的私域负责人交流时得知，他们表示已经推出了付费会员制产品，叫作“不止盒子”，也是一次成功的尝试。

第四类是餐饮生鲜类的企业。餐饮本身就是高频的刚需，现在的餐饮店通常既有堂食，又有外卖，用餐形式的丰富更是增加了用户消费的频次。生鲜水果也是自然消费频率比较高的产品，比如百果园从2018年就推出心享VIP会员，通过这种方式留存自己的超级用户。这类企业中，有些企业虽然产品种类不是很多，但由于单品复购率很高，故而也非常适合打造超级用户。比如一点点奶茶、周黑鸭，喜欢的用户几乎每天都会消费。

第五类是娱乐休闲、健身等服务性企业。这一类企业，比如KTV、电影院、咖啡厅、健身馆等，一个用户一年的正常需求次数大多也超过5次。所以，我们会发现购票平台上，经常会推荐电影院的超级会员月卡、季卡，这就是一种打造超级用户的方式。

第六类是在线教育类的企业。包括一些职业培训企业，技能、兴趣培训企业，知识付费平台。比如得到、樊登读书会、三寿营销频道（我自己的付费学习平台），这些线上平台有丰富的内容供用户学习，足以产生每年超过5次的复购需求。还有线下学习机构，往往也会开设多门课程，满足学员多方面的需求，所以他们也是适合打造超级用户的。

上面的六类企业，大家可以对照参考。除此之外，其实还有很多垂直细分领域，这里就不一一展开了，总之大家要抓住一点——足够的复购频次是打造超级用户的关键。

如何让企业变得适合培养超级用户

除了上面六类企业，主营低频需求的产品，比如空调、沙发、油烟机、手机等领域的企业，真的没法培养自己的超级用户吗？

方法也是有的，只是需要企业做出一些调整，改变固有的思维。对于这类企业，具体有两个方法，一是增加产品种类，二是打造联名超级用户。

增加产品种类

对低频耐用品的企业来说，如果可以增加产品种类，使整个产品体系变得丰富起来，老用户的复购自然就会增加，如此就可以打造超级用户了。

美的集团就是一个典型的例子。美的生产的产品大多数是白色家电[1]，但如今他们也推出了自己的超级用户计划——美的PRO付费会员。他们是如何做到的？正是因为他们的产品种类足够多，从空调、洗衣机、电饭煲、体脂秤、电风扇到台灯、榨汁机，不一而足。另外，电器每年还需要保养和维修，而这些服务也是收费项目，即便用户通常每种产品的需求频率是一年一次。这么一看，我们会发现用户跟美的之间消费需求其实并不少，一年下来应该也超过了5次。

另一个典型的例子是小米，他们最开始只有手机这类产品，而手机的复购周期通常是20—24个月，复购频率很低。但小米后来启动了小米生态链战略，将产品链延伸到充电宝、充电线、台灯、电视、电饭煲、净水器、箱包、电池等上百种产品。这就提升了用户产生消费的频次。

这两个例子也给很多低频产品的企业一个启发——如果能结合自身优势拓展产品链，增加产品种类，满足更多的用户需求，提升用户消费的可能性，就能增加营收。而满足用户更多需求，也是在间接增加用户的黏性，那么即便主营的是低频产品，只要种类丰富，同样可以打造自己超级用户。

增加产品种类的方式，一种是增加跨品类的产品，比如小米增加了净水器、净化器，美的增加了台灯、体脂秤等；另一种是增加主产品的周边产品，比如小米围绕手机这一产品，增加了充电宝、耳机、

1 白色家电指可以替代人们家务劳动的产品，如冰箱、洗衣机等，早期多为白色外观；黑色家电指可提供娱乐的产品，像彩电、音响等，早期多为黑色外观。

手机壳、自拍杆等。这需要企业根据自己的优势和规划来合理选择。

实现跨业联盟，打造联名超级用户

以老板电器、格力空调、顾家家居、科勒卫浴这四家企业为例，他们都是生产低频耐用品的企业。产品本身的复购率并不高，所以他们任何一家单独打造超级用户都不太合适。

但是，如果这四家企业一起打造超级用户联盟，每家企业罗列自己的产品和服务，组合推出一套超级用户的权益服务，作为超级用户联盟的礼包，结果又会如何呢？

每家企业都可以把这套权益礼包推给各自的用户。这样对一个用户而言，他加入这个超级用户联盟可以同时享受到四家企业提供的超级用户权益和服务。由于所涉及的产品包含了厨房电器、空调洗衣机、床垫沙发、卫浴用品等多个品类，其中总有一项权益或服务能满足用户的需求。

总之，几家企业组合起来形成一个用户的解决方案，当用户在任何一家行使消费权益时，就会留意到其他家品牌。这会在用户心中埋下一个锚点，不断加深他的印象。这就是联名超级用户的高明之处。

这种做法需要企业拥有开放的心态，并确保企业相互之间没有竞争冲突，能够共享用户。同时，合作的企业需要具有同等品牌影响力，用户群相近。如果实施得比较好，不仅能为企业留住自己的高价值用户，还能彼此拓展新用户。

不仅大品牌可以借鉴这种方式，一些区域性的商家也可以用这样的方式联合起来。我曾见过有人为一个小区周边的商家建立了商家联盟，推出了联盟卡，消费者花钱购卡成为会员，即可享受联盟商家的折扣和权益。

目前产品复购频率较低的企业，不妨尝试一下上面的两种方式。

一个超级用户的进化路径

当一个企业认识到超级用户的重要性，根据标准判断自己适合打造超级用户，或者通过一些方式让自己变得适合培养超级用户后，就可以开始着手建立自己的超级用户体系了。然而，要建立超级用户的体系，源源不断地培养出超级用户，首先需要知道超级用户在企业里是如何一步一步地演变而来。我把超级用户的进化总结为五个阶段，即目标用户、付费用户、VIP会员（付费会员）、裂变用户和合伙用

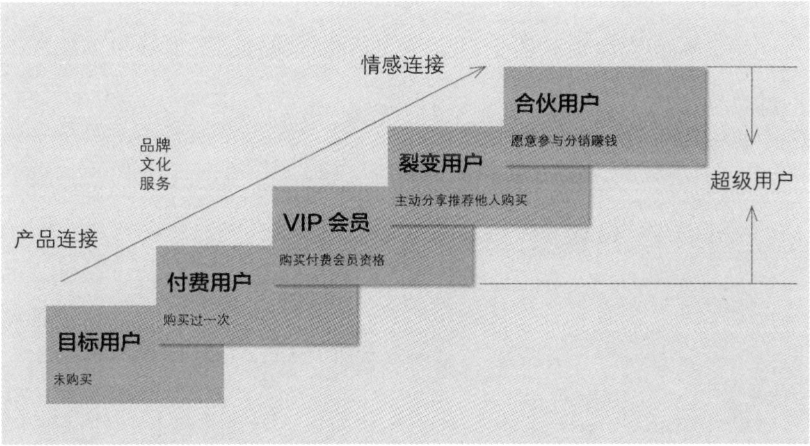

图 9-1 超级用户进化的五个阶段

户，如图9-1所示。其中，VIP会员、裂变用户、合伙用户都属于企业的超级用户。

下面我就用一家面包店的案例，来帮助大家梳理这五个阶段。

第一个阶段：目标用户

小区门口开了一家面包店，叫“爱の味道”。我每次路过都能闻到里面的面包香味，透过橱窗，还能看到各式各样的面包、蛋糕，以及两张供用户堂食的休闲桌。

虽然我并不经常吃面包和蛋糕，但偶尔也会买点面包当早餐（虽然还没在他们店里买过），因此我也算这家面包店的目标用户。所以说，对企业的产品有需求且有购买能力的客户都是企业的目标用户。不过要特别强调的是，只有用户同时满足有需求和有购买力这两点，才算是目标用户。如果我只喜欢吃包子，那么即使我有购买力，也不能算他们的目标用户。或者我喜欢吃面包，但他们卖的是高端面包，一小块就要50元以上。我觉得太贵，不愿意花钱买，那我也不能算他们的目标用户。

第二个阶段：付费用户

有一天，我带着孩子从面包店路过，刚好他们在派发试吃，店员走过来给孩子尝了小块蛋糕。他很喜欢吃，就吵着要买，于是我们走进店里开始选购。最后，我们买了一袋面包、一盒蛋糕和一杯咖啡。

这样，我就顺利升级为这家面包店的“付费用户”，不过这时候我还是个普通的用户。

可以看出，付费用户就是为产品或服务至少花过一次钱的用户。由此继续将付费用户细分：如果只买过一次，我们可以称之为新用户；买过两次及以上，就可以称之为复购用户（老客户）。

付费用户是超级用户进化中非常重要的一环。它说明用户开始对企业有了基本信任，愿意为这份信任花钱，愿意尝试与企业建立持续的关系。

从目标用户到付费用户就是流量转化环节。促进用户转化有很多方式和手段。比如，面包店的试吃活动就是一种手段。

第三个阶段：VIP会员（付费会员）

第一次买完面包和蛋糕拿回家后，全家人都爱吃，大家觉得味道不错，价格也实惠。于是，只要家里有人想吃面包，我就会去这家店里买。一个月下来竟然也去了七八次，慢慢地，我就和店员熟悉了起来。

有一天，我公司的一个员工恰好入职满一年，按照惯例我们要为他买个蛋糕，办一个生日派对。于是我又想起这家面包店，准备去那里订个蛋糕。

当我选好蛋糕准备付款时，店员告诉我，过去一个月我已经消费了8次，已经是老客户了。现在他们推出了VIP会员计划，建议我加入他们的会员，只要69元，但得到权益价值远远超过69元，比如：

1. 现场返50元优惠券，马上就可用。
2. 送入会礼包，价值28元小蛋糕一份。

3. 有效期内全场消费打9折。

4. 每月送一张15元代金券。

5. 会员生日，凭本人身份证可5折订蛋糕。

我听完她的介绍，觉得挺不错。我日后还有购买的需求，成为VIP不仅有优惠，还有一些特权，于是我当场就付费成了VIP会员。

就这样，我从付费用户升级成了VIP会员（付费会员），这也就代表我已经成了他们企业的超级用户。

这里再梳理一下我愿意加入VIP的关键点：

1. 我未来有吃面包和蛋糕的需求。

2. 店员提醒我已经消费过8次，说明我是复购用户。

店员向我介绍了VIP会员的权益，估算下来，价值远远超过69元。

可以发现，对于达到一定复购次数的老客户，当企业向他们推荐VIP会员权益时，他们通常都比较容易接受。复购频次是从付费用户转化为超级用户的关键指标，它既代表着需求，也代表着对企业及产品的信任。

超级用户是企业用来定义高价值客户的一种身份。后文的裂变用户、合伙用户也都是企业的超级用户。所谓“超级用户”，它不仅仅是个人用户，还可以是家庭超级用户、公司超级用户。比如，星巴克就可以是华住酒店的企业级“超级用户”，星巴克所有员工入住华住都能享受优待和特权。反之，华住也可以是星巴克企业级超级用户。理解这一点，对TO B类型的公司打造超级用户体系很重要。

第四个阶段：裂变用户

当我自己成为面包店的VIP会员后，觉得这家店的产品以及VIP权益确实不错，于是把它推荐了同事和朋友。此时，我就从一般的VIP会员变成了裂变用户。

裂变用户是指除了自己重复消费，还愿意主动向别人分享，推荐企业产品，或直接邀请他人加入企业付费会员的VIP会员。

如果说VIP会员更多是自己消费产品，认可产品，裂变用户则更加认可这个品牌，他们愿意向别人推荐、分享，主动承担着信任背书的风险。这类用户对企业的信任已经超越了产品，上升至对品牌、文化和价值观的认同。

第五个阶段：合伙用户

这家面包店的经营很不错，仅一个门店就发展了500名VIP会员，但他们还想继续扩大销售，于是新增了线上销售渠道，开通了小程序商城，提供线上预订服务，售卖预包装面包、小蛋糕等。可现在线上流量很贵，他们投不起广告。

有员工就提出可以发展VIP会员为线上合伙人，利用会员的社交网络进行销售，促成交易后给他们返佣金。于是，面包店针对VIP用户推出了线上合伙人计划。愿意参与的用户就成了合伙用户。

合伙用户是指非常认可品牌和产品，不仅愿意向别人分享推荐，还愿意帮助销售企业的产品，从中获得利益，融入整个事业的VIP用户。

他们的角色不仅是消费者，还可能是经销商、代理商、分销合伙人。此时的他们已经跟企业的利益捆绑在一起了，这是企业跟用户关系的最高境界。

过去大家谈论的微商，其实很多就是超级用户中的合伙用户。他们最开始都是产品的使用者，后来他们交了代理费，在自己用的同时，也帮着企业卖产品赚钱。

这种合伙人制度如今已经非常普遍。曾经有家做烤榴莲的企业叫“榴莲蜜烤”，它的创始人桥哥告诉我说，他的第一家加盟店就是通过超级用户做起来的。当时他有一位特别爱吃榴莲的用户，也非常喜欢“榴莲蜜烤”，于是后来索性就申请加盟，在自己所在的城市开了一家店。

尤其是在社交电商领域，很多产品都开启了“加入会员，自购省钱，分享赚钱”的模式。这种模式的营销理念就是“全员营销，人人都是渠道”。如此，能够降低营销成本，帮助企业快速发展。

这也得益于互联网的发展，今天我们通过微信、微信群、微博、抖音，随处就能分享信息。人人都是销售员的时代来临了。这个现象，早在1980年就被未来学家阿尔文·托夫勒预言，他提出了产消者的概念。产消者即既是消费者，也是生产者的角色。

通过面包店的案例，大家了解了用户从目标用户变成超级用户的五个阶段。不同阶段的用户，有不同的行为及其对企业的价值。这些阶段是环环相扣的，但也不是所有超级用户都要经历这五个阶段。比如在裂变用户的阶段，当超级用户向另一名潜在的超级用户推荐时，潜在超级用户有可能直接付费，成了企业的VIP会员，这就跳过了目标用户和付费用户的阶段。

抓住潜在的超级用户

按理说，目标用户和付费用户都有可能成为企业的超级用户。但企业资源有限，打造超级用户不能大海捞针，盲目行动，否则既容易浪费企业的财力、物力，也容易骚扰到用户。

对于尚未开展超级用户业务的企业来说，有效地抓住潜在超级用户可以让后续的工作事半功倍。

如何抓住潜在超级用户，主要可以分为两项工作，一是识别已有用户中的潜在超级用户；二是找到能够触达潜在超级用户的渠道，推广企业的超级用户权益，促成潜在超级用户转化为超级用户。

识别已有的潜在超级用户，具体有以下四个判断标准：

1. 复购频次

复购频次越高的用户就越容易进化成为企业的超级用户。比如在面包店的案例中，店员看到我过去一个月消费了8次，就知道我是老用户，而且对他们比较认可。当他向我推荐会员权益时，我很自然就加入了。

在利用复购频次筛选时，企业还需要考虑最近一次的购买时间。比如用户A复购5次，但最近一次购买是一年前，而用户B同样复购了5次，最近一次消费是一个月前，那么毫无疑问，用户B成为超级用户的潜力更大。

2. 是否积极主动提出意见和建议

在一次超级用户课程中，一位学员的发言让我记忆深刻。他说，那些批评企业还愿意提意见的用户，是最有机会成为忠实超级用户的。

企业应该多关注那些愿意反馈、给企业提意见的用户。因为他们的举动说明他们仍在关心产品，对企业有期待。企业应该通过留言评论、营销活动、电话访谈等方式把这样的用户找出来，做好标记。找到这些用户后，企业就可以定向邀请他们加入企业的超级用户体系了。

3. 是否主动推荐和分享企业产品

企业可以在平常的营销活动中有意识地记录，或通过工具找到那些转发分享产品、商城链接的用户。分享行为代表了他们对产品的认可，以及愿意用自身信誉为企业背书，这样的用户也是企业的潜在超级用户。

4. 是否有过系统购买动作

根据对系统购买动作的观察，企业可以看出一个用户是否是有过跨品牌或跨品类消费的客户。所谓跨品牌或跨品类消费，是指用户除了购买企业A品牌（或品类）的产品，还购买了企业推出的B、C品牌（或品类）的产品。以瑞幸为例，他们的用户一开始只是喝瑞幸咖啡，而当瑞幸推出独立品牌小鹿茶时，他们也会买来喝，这就是系统购买。这种有系统购买行为的用户同样对企业非常信任，他们非常有可能成为企业的超级用户。

上面这四条标准可以帮助企业进行初步筛选、锁定，尽可能地缩小范围，优先找到精准的潜在超级用户，节省成本和精力。

如何利用各种渠道，面向更大范围的潜在超级用户进行超级用户权益的宣传，让他们看到企业超级用户所具备的价值，我也总结了七种触达宣传的方式，供大家参考：

1. **通过企业的新媒体渠道**。包括公域流量和私域流量的所有渠道，如企业公众号、个人微信、微信群、抖音、微博、小红书、哔哩哔哩等。

以公众号为例，企业可以在底部菜单栏、自动关注回复、文章贴片广告、图文推送这些地方植入超级用户的宣传入口。

在个人微信号、微信群等地方，企业也可以有计划、有策略地推广宣传企业的超级用户计划，吸引用户前来咨询了解。在抖音和快手平台，企业可以制作超级用户的宣传短视频，或在直播的时候引导用户加入超级会员。

总之，要结合每个新媒体渠道的特点来进行引导宣传。

2. **通过企业的线上网店渠道**。比如淘宝、京东、唯品会等。尤其是网店流量和访客量比较大的企业，更要充分利用优势，宣传超级用户计划，并对前来咨询的客户进行有针对性的提醒引导。

3. **通过企业的自有App、小程序商城**。这些属于企业的线上自有渠道。比如孩子王、华住会、知乎等通过App或小程序商城向用户大力宣传加入超级用户的好处。此外，企业可以通过发站内信、App开屏画面等不同形态进行超级会员的宣传。

4. **通过企业的线下渠道**。包括门店、摊点等。线下零售企业在利用这一渠道时颇具优势，因为员工可以面对面地为潜在超级用户讲解，更容易让这批用户理解和感知到产品和企业的价值。

在线下门店推广超级用户计划时，有两点可以充分利用：

一是导购推荐。不论是导购员还是收银台员工，都可以向用户推荐。比如，我曾在西贝吃饭时发现他们的员工会利用点餐后等待的时刻向客户推荐VIP会员，并且会非常详细地给顾客讲解加入VIP会员的权益和好处。

二是点单提醒。这一点星巴克做得很好。当顾客点单时，星巴克的员工都会询问："有没有星巴克会员卡？如果没有，那么要不要现在办一张？"这也是一个很有效地让客户加入超级用户计划的机会。还有一种方式是，在收款的时候显示顾客之前的消费记录，如消费了多少次、总计的消费金额等，这样既能帮助企业发现潜在超级用户，对顾客来说，搭配直观的消费数据也会使超级用户的特殊权益更有说服力。

除此之外，门店的海报、广告指示牌都可以用来触动潜在超级用户。

5. **通过企业的电话客服、短信和邮件渠道**。这三个渠道虽然比较传统，但还是有效的。比如银行、保险、汽车等行业，企业有大量服务人员可以承担这部分工作，而且用户对这些类企业的信息是比较重视的。不过，在利用这些渠道推广时要注意两点：

一是电话邀约尽可能针对很重要的潜在超级用户。因为打电话成本高，但效率相对低，如非头部重要客户，很可能造成投入产出比过大的问题。

二是短信和邮件可以针对达到规定复购频率的客户进行大规模的推送，比如复购三次的客户，或定向参与某个活动的客户等。

6. **与异业联盟的合作**。选择没有竞争关系而且客户群相近的企业，大家用户共享，资源合作。比如，京东和爱奇艺很早就在使用这种方式。当初办理京东的Plus会员，就可以获赠爱奇艺的VIP会员资格，这样的方式既增加了京东超级用户的转化，又帮爱奇艺增加了新用户和超级用户。

7. **付费推广**。企业还可通过线上线下投放广告来触达潜在超级用户。虽然企业拥有触达潜在超级用户的渠道，但毕竟只是部分渠道。如果条件允许，企业也可以投一些广告，以唤醒没有被触达的老客户，同时也能吸引新的用户。

以上就是抓住潜在超级用户的七种方式，不同的企业拥有不同的渠道，也会有不同资源，但总的原则就是把全渠道利用起来，最大化地将普通用户转化为超级用户。

第十章 培养企业超级用户

掌握了找到潜在超级用户的方法，企业就要面临如何把潜在超级用户培养成为超级用户的问题，并且企业应该形成一系列流程，循环往复。如此企业就能源源不断地培养自己的超级用户了。培养超级用户是整个超级用户运营中最重要的工作之一。

超级用户不同于普通用户，他们本身是企业（产品）的重度用户，对企业更加认可，自然要求也不同于一般用户。企业要想持续培养超级用户，需要做哪些战略准备？培养超级用户是否会分为不同的发展阶段？不同阶段的关键又是什么？

这些问题的答案就在这一章中。

制定企业超级用户战略

亚马逊是业界公认的一直坚持“用户至上”的服务理念的企业，消费者可以从他们的产品、物流、服务、技术、体验等各个环节感受到这一点。亚马逊之所以能建立庞大的超级会员体系，和这一理念不无关系。企业要培养超级用户、留住超级用户，光靠做好产品、做好服务、喊喊口号是不行的。

超级用户是对产品最富激情和最有需求的一群人，他们比普通用户要求更高，也更挑剔。同时，他们还是品牌的忠实拥护者和传播者，是企业最宝贵的客户资产。

企业要想长期培养超级用户，必须将超级用户思维融入企业经营中，建立超级用户增长战略，这样才能在企业内部营造潜在超级用户成长的土壤。

那什么是超级用户战略呢？

超级用户战略，就是将“优先服务超级用户的视角和标准”，融入产品研发、营销推广、组织管理、客户服务、用户体验等各个环节中。唯有这样，企业才能不断创新发展，保持竞争力。

超级用户是产品的重度用户，他们由普通用户进化而来。如果企业能够服务好超级用户，那对普通用户就会有莫大的吸引力，促使他们成为新的超级用户。超级用户战略是培养超级用户的前提，企业如何把超级用户战略落实到具体工作中，应该从下面四个方面着手：

1. 经营客户要优先考虑超级用户

不是所有的客户都能贡献高利润，每个企业都有盈利性顾客和非盈利性顾客。比如，一场促销活动总会吸引一些贪便宜的客户，他们从不去买正价产品，这些就是非盈利性用户，企业从他们身上赚不到钱。

因此，企业在经营客户时不能一视同仁，而应该区别对待。原则上要减少或降低对非盈利顾客服务和投入，增加并优先服务那些盈利性顾客。很明显，超级用户就是企业的盈利性客户，他们贡献了最多的利润，值得企业优先服务。

2. 设计产品和服务时优先考虑超级用户

企业需要优先考虑超级用户的反馈和需求，这样能激发他们为企业创造更多的利润，增加他们对品牌的忠诚度。

同时，超级用户是对品牌最有感情、最有需求的人，作为重度用户他们会比普通用户对产品更敏感，更用心地提出反馈和建议。这些建议往往是其他用户隐藏的痛点，企业多多采纳超级用户的建议，有助于保持自身产品和用户体验的领先地位。

我曾是一家理发店的VIP客户。因为经常要出去演讲，所以我一个月要理两次头发，而且每次都选择级别最高的理发师，可以说我是他们的高价值客户。有一次我就给他们店长提了两个建议，首先，给客人倒茶时最好用有盖的杯子，可以避免碎发掉进去；其次，可以把理发的圈布换成前面带透明窗口的，这样方便用户看手机。

本以为是随口的建议，没想到这之后再去理发，他们真的做出了改变。店长也很感谢我，我心里也很开心。

所以说，企业重视超级用户的意见，既能了解竞品动态，又能获得用户信任，还能帮助企业提升竞争力，可谓一举多得。

3. 营销推广优先借助超级用户的力量

“物以类聚，人以群分”，超级用户的身边总是聚集着有相似需求和相同消费能力的人，他们在同一圈层，很可能就是企业的潜在超级用户。

如果能让超级用户成为代言人，成为企业的超级销售员，企业就可以通过他直接影响身边的潜在超级用户，为企业带来新增精准客户。如此就会大大降低企业营销成本和投入。

比如，企业可以设计友好的分享机制和流程，注意要做到让用户有利可图，但又不能像微商那样只讲钱。现在常用的方法有返利、赚积分（兑换礼品）、奖励特权、获得荣誉等，具体要根据不同企业需求而定。

举个例子，华住酒店就是借助超级用户进行裂变推广的。华住会的会员有星会员、金会员、银会员、铂金会员四类，其中金会员年费219元，银会员年费49元，两者都会享有住房优惠折扣、延时退房、免费早餐等特权，只是不同等级的具体费用和权益数量有区别。

华住酒店开展了“礼遇会员”的活动，每年固定给银、金会员赠送同等价值的银、金会员资格，酒店会员可以把这个资格赠送给身边朋友、亲人、同事。华住酒店还定制了专门的活动页面、宣传文案、海报，这一方式大大帮助了华住会拓展新客户。截至2019年，他们的会员数量都超过1.3亿。

这个方式非常实用，既再次认可了会员的特权身份，又能驱动他们分享传播，成功把超级用户转化为超级销售员。

4. 人力资源优先保证超级用户的体验

我们知道，超级用户必须匹配超级服务和超级产品。而一切服务和产品最终都需要靠人力来实现和支持。没有足够的人力支持，超级服务就是空头支票。

每次我为企业设计完超级用户体系时，都会反复确认两件事：

（1）设计的超级用户权益一定能落地吗？

（2）组织人力能保障超级用户的体验吗？

这是因为如果服务权益不能兑现，企业将失去信誉，反而会弄巧成拙；如果没有足够人力，保障服务达到标准要求，也会影响用户对企业的信任，甚至造成投诉。

过去曾发生过这样的案例。我帮助一家品牌设计了超级用户权益体系，其中一项是客户可以在任意门店享受像海底捞那样的免费手部spa。公司内外一致认为此举将会创造客户忠诚度提升，也是行业首创。

可这项服务推出没多久，就收到了一些用户的投诉。原来，企业并没有在每个门店都配备技师，而是考虑到前期的人力成本，两至三个店共用一名技师，这导致一些店的客人要排队很久，甚至被告知要提前预约，这样一来超级用户体验就不好了，故而造成了投诉，适得其反。

这就是企业没有充分考虑人力组织而出现的权益兑现问题。服务、人力、效率、体验都是很重要的。

如今任何工作都不是孤立单点的工作，而是相互关联的系统工程。企业不要觉得培养超级用户，就是设计一套付费会员的权益，推广出去等着用户付钱加入就行了。培养超级用户，企业必须先建立超级用户的战略，即以全局性、整体性、长期性来考虑超级用户这个群体，再以超级用户群体为核心，研究他们的行为，倾听他们的声音，关注他们的需求，维系跟他们的关系，从而指导企业客户经营、产品研发、市场营销、服务体验、组织管理。如此，企业才可以把战略变成具体可执行的工作。

遵循企业发展超级用户的四个阶段

一个企业要建立超级用户体系，发展自己的超级用户，绝不是一蹴而就的事情。它需要根据企业业务发展、用户需求变化进行调整和优化，这是一个动态的过程。

我把这个过程大致分为初创期、发展期、稳定期和成熟期四个阶段，每个阶段都需要企业有不同的侧重点。接下来我们一一分析。

初创期

这个阶段企业刚开始启动超级用户计划，首先要问自己两个问题：第一，企业的优势是什么；第二，这个阶段企业要达到的目的是什么。

在超级用户的初创期，企业往往缺乏经验，只能摸着石头过河。此时的优势是有成熟的产品和服务，有足够的用户积累。这个阶段，企业的目的应该是跑通流程。比如，企业可小范围锁定一批复购频次高的忠实用户，先把他们变成企业的第一批超级用户。这就要求企业充分挖掘用户的需求和痛点，然后设计出第一版超级用户权益和服务。本书在第十一章将详细介绍如何设计超级用权益和服务的方法。

企业在初创期设计超级用户的权益和服务时不宜贪多求大，关键是让用户感受到价值。企业先确定超级用户权益和服务的1.0版本，然后在小范围找到潜在超级用户，把这些权益和服务推荐给他们，看看他们是否愿意付费加入。

前文面包店的案例中，他们当时推出的超级用户权益和服务就很清晰明了。例如：现场返50元优惠券；送价值28元的小蛋糕；会员期间消费全场9折；每月送15元优惠券；生日5折订蛋糕……这些权益都是围绕面包店当下所有的资源展开的。这样的做法帮他们直接筛选出了一批忠实的用户。

当有人付费成为超级用户，企业每周都要跟踪超级用户的数据反馈，并及时记录。比如复购频率、客单价、购买商品数、营收贡献占比等。企业同时也要做好定期用户反馈，收集意见，便于后续优化调整，以及向权益服务的2.0版本迭代。

可能有人会问，那超级用户的初创期通常要持续多久呢？

我的建议是6—12个月，最终可根据企业实际情况，比如企业规模、用户数量、业务需求、执行团队能力等综合因素进行考量。总之，还是要稳一点，踏实一点，一定要充分了解用户需求反馈，长远考虑，不可急功近利。

我在2019年指导的一家企业，只用半年就从超级用户初创期进入了发展期，扩大了超级用户规模，并且当年超级用户创造的营收就达到几千万元。他们之所以发展比较顺利，原因在于产品适合，老板很认同，各种资源全力支持，执行团队有基础。所以，虽然也是从零开始打造超级用户，但他们整体进展得很快。

发展期

超级用户发展期的主要目标是，进一步扩大超级用户数量，同时提高超级用户的续费率。续费率是衡量超级用户成败的关键指标。很多企业都会出现这样的情况，头一年做超级用户风风火火，后几年的续费率却很低，这就说明超级用户的权益和服务设计、用户运营方面可能有问题。如果不能及时把问题的原因找出来，后续环节就没法迭代优化。

要保证续费率，首先要保证原有超级服务的兑现和体验让用户满意，其次是做好超级用户权益和服务的创新。原有服务的兑现和体验取决于运营交付工作，权益服务是否创新取决于企业有没有新的资源引入，这一点在发展期尤为关键。所以，这时候企业要善于整合，不能把优势仅局限于自己的主营产品和服务，而要尽可能开启“跨界整合+资源合作”的模式，拓展出更多的增值权益。

在整合资源和服务过程中，企业有几个原则要坚持:

1. 资源之间没有潜在的业务竞争。

2. 目标群体要么相同，要么互补，比如卖奶粉的企业与做早教的企业，产品不冲突，人群需求互补。

3. 整合的核心是超级用户刚需的产品或服务。

超级用户的权益和服务不是多多益善的。企业千万不要整合一些不相干，或非刚需的资源，不然就会出现超级用户权益看着很丰富，实际大多没什么用的现象。

仍然以面包店为例。如果它进入发展期，要拓展超级用户的权益，这个时候不妨邀请烘焙师举办面向女性白领、妈妈群体开设面包烘焙沙龙；还可以针对家庭类的超级用户推出亲子手工烘焙课，让大人带着孩子一起来体验。如果它未来还要发展外卖、团体订餐的业务，还可以跟一些儿童教育机构、培训机构、酒店等合作，把这些机构的产品、福利整合到自家的超级用户权益中去。

总之，在超级用户的发展期，企业一方面依旧要做好服务，听取用户反馈；另一方面要整合资源，跨界合作，尽可能提高留存率，扩大超级用户规模。通常，发展期也需要经历6—12个月的时间。

稳定期

度过发展期，超级用户带给企业的价值已经明显地体现出来了，企业内部也会更清楚和重视超级用户的未来发展，发展超级用户进入稳定期。这个阶段，企业要充分发挥已有的资源和优势，进行全渠道、全场景、全业务体系的打通和整合，建立完整的超级用户运营闭环。

具体可以围绕下面三项工作开展：

1. 开启全渠道的超级用户宣传，打通线上线下，让所有用户都有机会享受超级用户的权益和服务。这是因为一些有线上线下渠道的企业，之前可能先做了线上超级用户的试点，那此时就可以在直营门店、加盟门店也推出超级用户计划，或者过去只是区域化试点，现在就要面向全国推广。当线上线下全部打通，覆盖面越来越广，超级用户就越能体验到便利，感受到作为超级用户的身份优越感，更加忠诚于品牌。

2. 全场景的服务延伸。企业要尽可能满足用户的不同需求。以理发为例，过去用户必须到店才行，但现在有些门店可以上门理发，这就是服务场景的拓展与延伸。如果理发店还增加针对婴儿、老人、小孩等不同人群的专门的理发服务，服务对象就更全面了。

当企业能够让超级用户权益和服务有更多的兑现机会，超级用户自然会更有黏性。比如，用户决定是否要办卡有一个重要维度，就是看银行的网点多不多。

3. 全业务体系的打通。这一点尤其针对有多品牌、多业务的集团公司。比如苏宁，他们的产业横跨家电百货、文娱、体育、阅读等领域。苏宁易购的超级会员权益，就把苏宁体系中的PP视频、PP体育、苏宁悦读等业务横向整合进来。淘宝88VIP也是如此，它整合了淘宝、盒马、优酷、饿了么等不同业务体系权益。它意味着超级会员能享受到集团公司旗下更多业务所带来的权益，这就增加了超级用户的黏性、身份的价值感和便利性。

所以，超级用户的稳定期实际上是超级用户在公司或集团内部渗透、深化，成为客户经营体系核心的过程。企业需要从战略层面进行内外业务整合，让超级用户的价值最大化。

成熟期

过了稳定期，超级用户已经融入企业的客户经营体系，企业发展超级用户相应的进入到了成熟阶段。

在成熟期，企业要逐步做好下面这三件事：

1. 超级用户的体系要更加精细化，划分明确的等级。如华住会会员体系，他们的付费会员分为银会员、金会员和铂金会员三个级别，铂金会员是不能花钱买的，必须通过金会员消费升级。这样的设计也说明企业内部对超级用户的管理更加精细化，企业客户经营体系更加成熟。

2. 把超级用户的活跃体系与企业的积分体系和普通用户的成长体系进行打通连接。积分是企业保持用户活跃最有效的方式之一。建立积分体制，企业就能通过积分促成普通用户向超级用户的转化升级。同时，企业可以针对超级用户和普通用户设置不同的积分奖励。同样的消费，超级用户会获得更多倍积分奖励，这也会更加体现超级用户的身份感，强化他们对品牌的忠诚度。

3. 把超级用户的体系与企业客户关系管理体系（CRM）全面打通，实现客户的全面数字化管理。企业的终极竞争的是效率竞争，客户数字化管理就是要实现企业内部对客户信息的高效共享和管理。实现数字化管理后，不论用户从外部渠道消费还是从内部渠道消费，不论是超级用户还是普通用户，不论是身份信息、互动行为还是消费信息，都能实时数字化地呈现在企业的CRM系统里。这将有利于企业高效地做出业务决策，制定企业更长远的经营战略。

在超级用户发展成熟之后，很有可能会成为一个独立的会员品牌。比如，山姆会员店，就是沃尔玛旗下的高端会员制品牌；华住酒店的华住会，就已经成为华住酒店集团的一个品牌。

最后，当超级用户完全成为企业客户关系管理一部分，它将长期处于客户经营的动态管理过程中。

用复购加速超级用户进化

前文讲过什么企业适合打造超级用户，其中最核心的因素就是复购频次。

对用户而言，拥有的那些权益和服务，只有在二次消费时才能体现价值。对企业而言，花大量精力维护和运营超级用户，倘若不能让用户再次产生消费，那这些工作投入就没有价值。

所以，无论从企业端还是用户端，复购都是决定超级用户的关键。问题是，企业该如何引导用户产生更多的复购呢？本书在第七章里已经总结过私域运营中的复购公式：复购=需求+信任+曝光，也讲了私域创造复购的五种场景和五种方式。这里所讲的提升复购的方式，是从整个企业的经营环节来考虑的，它会涉及企业的方方面面，我一共总结了10种策略，大家可以参考借鉴。

1. 定期推出新产品和服务

我们都知道，产品是企业连接用户的基础，若产品不能跟上用户的需求，再多的营销都没有用。所以，在产品方面，企业应该要做好以下两件事：

一是不断地更新、升级产品。企业主要可以从包装、材料、样式、功能甚至代言人等方面入手。总之，要让用户看到企业的变化，因为喜新厌旧是人的本性。

二是定期的推出新的产品。这和上面的不同之处在于，不单单是“新瓶装旧酒”，而是要开发“新酒”。因为新产品不仅可以带来新的用户，还能满足老用户的新需求，这样就可以提升老用户的复购，让他们向超级用户发展。

2. 定期优化服务和体验

如今的消费，已经不单单是消费产品本身，服务也成了产品的一部分。所以，企业很有必要通过定期升级服务内容和体验来给用户创造惊喜，带去好感。没有人会喜欢一成不变的产品和服务，尤其是一些服务性行业，如酒店、餐饮、美容美发等，更是需要提供差异化服务来留住用户，提升品牌忠诚度。

这里所讲的服务，并不一定都是免费的。它也可以收费，甚至可以把服务当成产品。比如今天的火锅店都开始提供外卖送餐服务，我相信以前一些客户就有这样的服务需求，只是没法满足。现在的外卖送餐满足了这些人的需求，还变成了一项收费的服务。这样不仅能增加新的消费场景，也是在提供新的服务体验。对于老用户来说，这种变化也会促进他们二次消费。

3. 减少伤害用户的行为发生

企业要让用户复购，除了为他们提供最好、最新的产品和服务，更重要的一点是不能伤害用户。而很多企业很容易忽视这点，小看了伤害行为可能会产生的负面影响。

哪些行为会伤害用户？比如欺骗用户、随意降价、服务态度冷漠、在与用户沟通时出现辱骂言辞、对用户的投诉总是避而不回等。这些看似稀松平常的小事，往往都会给用户造成伤害，最终导致用户离开。离开之后，不仅他自己不会再次购买，更坏的结果是，他可能会向身边人传播企业的负面口碑。

世界著名推销员乔吉拉德曾提出“250定律”，他认为每一位顾客身后，大体有250个亲朋好友。这意味着赢得了一位顾客的好感，就赢得了另外250个人的好感；反之，如果得罪了一位顾客，也就意味着得罪了250位顾客。这就足见口碑传播的巨大威力。

所以，企业想要减少伤害用户的行为，就需要制定员工的客户服务标准、监督机制和反馈机制。

4. 积极回应并有效解决用户的问题

我们都知道，能主动向企业提出意见和建议的用户，好过那些默默说再见的用户。但如果面对这些用户的反馈，企业没有及时回应，也不提出解决方法，就会让用户以为企业不重视他；情况严重的话，甚至会造成关系破裂。

所以，在面对用户的疑问、投诉时，企业都应该尽快解决和反馈。其实很多时候，企业是可以做到在较短时间内响应或给予答复的，关键在于是否严格要求自己。比如我们去餐厅吃饭，就会看到一些餐厅有一个沙漏计时器。服务员会告诉顾客，如果15分钟内不上菜，可以免单或者赠送菜品。这就是一种对用户的承诺和对自己的要求。当然，具体的响应时间是定10分钟还是20分钟，可以根据所在行业和企业的服务能力来确定。

5. 定期策划营销活动，吸引用户参与，增加曝光率

营销活动是很好的催化剂和增黏剂。借助活动主题，企业可以吸引用户参与，提升用户的活跃度，同时还能为企业创造大范围的传播和曝光，有利于老用户们在活动的刺激下再次复购。

6. 主动对老用户进行关怀

这个时代物质足够丰富，用户的选择非常之多。如果企业的产品没有足够的质量优势、价格优势，用户凭什么还来买？这时候就要看用户跟谁的情感更深。

如果能够对用户进行有策略的关怀，比如每年赠送生日礼，对特定高价值用户提供定制专属，这些额外关怀会帮助企业赢得用户的亲近感，得到更多信任，同时也在创造友好的主动曝光。至于每家企业主动关怀的周期、频次、形式，这需要结合企业的情况来设计。

7. 做好用户分层，进行精准营销

人们之所以讨厌电话推销和广告，其实是讨厌企业不懂得自己的需求，推销的产品或服务对用户没有半点价值，还占用了时间。反过来思考，如果企业对用户很了解，就能制定他们喜欢的内容，投其所好，那么即便是广告，也容易被用户接受。

这就需要企业做好用户的分层，进行标签化管理，针对不同的用户设计不同标签，最后整体评估。一旦建立起精准的标签体系，企业就能减少骚扰，击中需求，唤醒用户的二次消费的欲望。

8. 定期发放优惠券

今天企业通过发放优惠券和福利券来促进销售，已经是一种非常普遍的形式，而且很多企业都做得很好。2020年新冠肺炎疫情缓和后，就连政府都开始发放消费券，鼓励大家消费，收获的效果也很明显。所以，优惠券不失为促进消费的好东西。

的确，从用户角度想，当他正准备买某个商品时，突然发现有个优惠券，一定会很开心。

我们能看到在“天猫双十一”“京东618”这样的大促中，企业动辄发放百亿补贴，其实本质上都是在派发优惠券给新用户和老用户，吸引他们消费和复购。

9. 坚持在所有媒体渠道不断地曝光

这几年，洗脑式广告很流行。比如，2019年很典型的洗脑式广告——铂爵旅拍，我每天进出电梯都能看见它。这种广告没有什么创意，就是在各大城市的电梯广告里反复播放，曝光到让人有点腻烦，但最终的结果是人们记住了它，效果如同当年脑白金。这也说明，强大而密集的广告曝光确实可以强化用户的记忆，进而提升复购。

除了线下广告，企业可以用于曝光的渠道还有抖音、微博、微信、头条等，总而言之，凡是能够利用的渠道都应该利用起来。

10. 建立用户积分和会员体系

积分体系是客户关系管理的一种手段。它让用户花的每一分钱都能转化为积分，不论是用积分兑换权益还是兑换礼品，用户都会觉得花掉的钱最后都回报到自己身上，有一种额外的获得感。这不但形成了一个消费闭环，也能激励用户更多地消费，建立用户忠诚度。

提升复购可以加速超级用户转化，而打造超级用户，本质上是建立一个付费会员体系，最终的目的是维护用户关系，进一步刺激复购。

积分和会员体系的结合组成了企业用户的忠诚度计划，通过这套运营体系，能有效地长期管理和留存企业的用户。

以上这10条帮助企业提升用户复购，并加速超级用户转化的方法，大家可以结合自身情况加以运用。

第十一章 筛选企业超级用户

经过前文介绍的培养阶段，企业已经找到了很多潜在超级用户，他们可能在私域流量池，也可能不在，总之他们有多次复购的行为，为企业贡献了不少消费金额，但这个时候企业还不能把他们称为企业的超级用户。

企业最终要定义某个用户是超级用户，这个身份一定得有可量化的标准或门槛。符合这个标准的用户就会正式成为企业的超级用户。

目前看来，很多企业采用会员制进行筛选，但会员制也分为很多，有免费的，有收费的，有充值的，也有不充值的，到底哪种形式才可以真正筛选出超级用户？

另外，会员制说起来简单，但不同类型的产品企业，具体的会员权益该如何设计？同时，大品牌企业、小商家规模不一，能不能统一采用会员制？这些问题，都是企业在实施超级用户计划时会面临的问题。

这一章我将会为大家详细解答上面的疑惑，告诉你如何设计一套完整的会员权益。

付费会员制：筛选超级用户的主要方式

从超级用户的定义和超级用户的进化阶段中，我们可以发现，超级用户与普通用户最大的区别就是是否愿意付费成为企业会员。用户愿意花钱购买企业的会员身份和权益，这本身就是一个帮助企业筛选的过程，因为只有那些有明确复购需求，同时认可企业的用户，才会掏钱。罗振宇也曾说过，判断一个人是不是铁杆粉丝，就看他愿不愿意花钱。付费代表企业与用户达成了一种契约，用户表达出愿意跟企业建立长期信任的意愿，提出对企业的要求，企业则有义务和责任向用户提供对等的服务和特权。

它对应着现在常见的付费会员制，用户先花钱购买一个会员身份，即特权，然后再进行消费。当用户拥有会员身份后，可以享受企业提供的特殊权益，通常包含优惠折扣、特权、定制服务等。

看到这里可能会有人问，我们常见的充值会员算不算付费会员制的一种？充值的用户是不是超级用户？

我的答案是，严格意义上讲，充值模式的会员不算超级用户，充值的方式也不能帮助企业筛选超级用户。充值会员模式和付费制会员模式有着很大的不同，具体区别见表11–1。

表11–1　付费会员模式和充值会员模式的区别

	付费会员模式	充值会员模式
目的	筛选超级用户，通过会员建立某种契约关系，提前绑定用户的消费时间，延长消费周期。	绑定用户的消费金额，通过优惠的折扣吸引用户多充钱，用钱来留住用户，短期内为企业注入了现金流。
关注点	关注的是用户的黏性和消费时间，看重用户的终身价值，会更关注用户的消费频次、客单价、续费率和活跃度指标。	关注的是用户的充值金额，获取现金流；不太重视用户消费频率、满意度、续费率，甚至用户不消费，企业能赚得更多。

续表

	付费会员模式	充值会员模式
付费额度	用户购买的是身份权益，付费额通常不大。目前国内主要集中在在99元到300元之间，会员到期之后，身份和权益自然终止。	充得越多，折扣越大，因此一般充值金额都比较大。行业不同，金额不同，少则100元、500元，多则1000元、5000元，甚至上万。
用户获得	获得的是一种身份，包含了会员价、特权、服务等系列特殊权益。	主要享受的价格优惠，缺少特权增值服务。
延展性	可识别用户身份，获取更多消费数据。它本质上不是打折，所以有足够的利润空间，可开展异业合作，甚至付费会员可发展为独立商业品牌。	通过大幅折扣降低利润，很难有足够毛利，也难以支撑异业合作和开展增值服务。

从表11–1中我们可以看到，充值会员模式下，企业更多是通过大幅折扣吸引用户充值，创造现金流，但牺牲了企业利润。这种模式下的企业容易偏重短期利益，造成杀鸡取卵的后果，不利于企业的长远发展。而付费会员则是符合超级用户思维的，它通过长期经营用户，更能挖掘出用户的终身价值。

由于企业产品和商业模式不同，同样是付费会员，也会有不同的呈现形式。目前主要的付费会员形式有两种，一种是一次付费模式，另一种是二次付费模式。

一次付费的会员模式是指用户只需要付一次费用，就能拥有会员身份，并同时享有消费商品的权利。购买会员身份和商品，这两种行为是重叠在一起的，商品的成本包含在获得会员身份的成本里。

一次付费的会员模式，主要运用在数字化、虚拟产品上。因为这类产品复制和规模化生产的边际成本接近于零。比如爱奇艺VIP、网易黑胶VIP、樊登读书会会员等，提供的都是虚拟、数字化的产品和服务。这些产品和服务不需要像传统企业那样交付实物产品，也无须物流运输和人力服务。他们的产品往往一次制作完成，就可以永久储存，反复交付。

而二次付费的会员模式是指用户需要花二次费用，才能享受商品的使用权。第一次付费是用户购买会员的身份和权益，第二次付费才是购买商品本身。这种模式下，会员权益与商品消费的行为是分离的。实体零售行业、有形服务类行业大多都是二次付费的会员模式。比如京东的Plus会员，我们先要花钱购买Plus会员资格，成为京东的超级用户。然后我们在京东网站上购买商品，还需要再次花钱，才能得到产品。

之所以会产生这两种不同的付费会员模式，是因为具体的商品和服务是有成本的。这种成本并不会随着规模化而接近于零。相反，每生产一次商品或提供一次服务，都会产生固定成本，并且企业也不能无限量提供，其服务能力也是有边界的。所以，零售类的企业要设定付费会员标准和门槛，尽可能筛选出有高价值的超级用户。

用户该如何获得付费会员的资格，这也是企业需要考虑的。从企业的整个超级用户发展体系来看，花钱购买会员资格并不一定是最好的方式，而是要考虑如何提供不同形式的加入途径，激励转化更多用户成为超级用户。

我认为企业可以考虑以下三种形式：

第一种，普通用户直接花钱购买会员身份，成为超级用户。比如百果园会员、京东Plus、银泰365会员，用户只要花钱购买VIP会员，就能够拥有VIP资格。这是最简单、直接的方式。

第二种，用户通过消费累积升级为超级用户。这种消费累积的升级，通常是一定时间内的消费金额累积达到一定的数值，就可以免费获得付费会员资格。比如，曾经网易严选就有个制度，一个年度消费满3万元的用户可以免费成为黑金VIP会员，不需要花费149元会员费。

在采用这种方式时，我建议企业考虑用户的消费频次。比如像网易严选这样的电商平台，即便他们的客单价为1000元钱，那么累积消费满3万元，正常情况下也需要重复消费30次，而30次已经足以说明用户的需求和对平台的忠诚度。但假如换成卖玉石珠宝的企业，很可能一块玉就能让用户消费3万元。这个时候如果还以满3万元的标准，就无法判断用户是否有复购需求或足够忠诚度了。所以，采用这种方式时，一定要考虑到消费频率和消费金额两个因素。

第三种，用户通过积分兑换升级为付费会员。即企业允许用户通过消费积分兑换超级用户资格。对于这种方式，我建议不要允许用户完全用积分兑换，而是设定兑换比例。

比如，会员费是199元，企业可以规定允许用积分兑换149元，还有50元需要用户付费。之所以这么做，是为了让用户形式只有花钱才能获得付费会员资格的心理门槛，这样他们才会重视。从消费心理的角度来看，支付这50元的费用很重要。

上面这三种成为超级用户的方式，企业可以组合使用，它可以帮企业直接明了地筛选出愿意付费的潜在超级用户，同时也兼顾了一些企业的积分制度，激励所有用户向超级用户转化。

数字化虚拟产品企业如何设计超级用户权益

企业用付费会员制筛选用户，用户则根据付费会员对应的权益和服务来判断是否加入。前面我们已经提到，付费会员的模式分为一次付费和二次付费两种。经营视频、音乐、游戏、知识付费等数字化虚拟产品的企业，大多会采用一次付费的模式。这种模式下的会员身份和商品消费的权利是重叠在一起的，商品的成本包含在购买会员身份费用里。这类企业要设计超级用户权益和服务，主要可以分为以下两大模块：

第一个是特权模块，具体包括内容特权、服务特权、身份特权、任务特权、生活类特权、积分特权六个子维度。

第二个是福利模块，具体包括会员礼包、优惠券两个子维度。

下面，我们就通过一些案例来具体了解每个模块的子维度内容。

特权模块

1. 内容特权

数字化虚拟产品的企业，最大的优势往往是内容本身。比如爱奇艺、优酷、网易云音乐、腾讯游戏、樊登读书会等，他们最大的成本投入就是购买内容版权。所以，这些企业每年都会花大笔的钱竞购各种内容资源。于是，在内容上做文章，给超级用户不同的特权，成了这类企业的共识。

以爱奇艺为例。它是一个视频内容的平台，内容包括电影、电视剧、综艺、演唱会等。所以，它给超级用户黄金VIP会员的内容特权就有“新电影抢先看”。这意味着只要你是黄金VIP会员，当新电影第一时间在爱奇艺上架，你就可以抢先免费去看。但是普通用户不行，可能要等几个月才能免费看，甚至有些电影需要花钱才能看。同样，热播电视剧、综艺节目也是这个玩法。这种时间差就彰显了黄金VIP会员与普通用户的特权区别。除此之外，爱奇艺网站里还有海量大片，超级用户可以不限次数任意观看，而普通用户就需要单独付费观看，算下来还不如买个会员划算。

网易云音乐这样的平台也类似，它的内容是歌曲，也分为会员曲库和普通用户曲库。当人们加入它的超级用户，成为网易黑胶VIP，就会有内容特权，可以免费下载高品质无损音质的音乐，而普通用户则不行。

总之，我们可以发现，内容特权是这类企业在设计超级用户权益时的重要部分。

2. 服务特权

服务特权是指企业会把给用户的服务作为超级用户权益的一部分。比如，企业可以为超级用户提供专属一对一的客服服务，这样既能够及时解答超级用户的疑问问题，也能彰显其身份的优越感。

以爱奇艺为例。爱奇艺把黄金VIP的专属客户服务分了等级。即便同样是黄金VIP会员，但爱奇艺会为V5等级及以上的VIP会员提供极速响应的尊享服务，而V5以下的则是普通的专属服务，相比而言，需要等待更长的响应时间。

关于服务方面的特权，还有诸如免片头广告、下载加速、专属弹幕等。

如果你也身处同类的企业，可以思考一下，自己的公司可以为用户提供哪些有价值的服务。

3. 身份特权

超级用户本身就是一种用户身份的彰显。所以，身份特权几乎成为数字化产品企业的权益标配。身份特权主要体现在用户头像标识、个性皮肤、主页装饰、主题挂件等，有点类似QQ空间装扮。它们能让别人一眼就识别出超级用户与普通用户的不同，体现出超级用户的优越身份。比如在成为WPS的超级用户后，将拥有尊贵的会员图徽；成为爱奇艺黄金VIP会员后，则拥有黄金色的皇冠和尊贵的个性主页皮肤。

4. 任务特权

任务特权是企业为超级用户设计的一种奖励计划。这一奖励以任务的形式存在，而普通用户则没有。这种任务形式，既给超级用户提供了独特的特权和奖励，又能保持用户活跃度。任务形式多种多样，不同企业、产品都有差别。

还是以爱奇艺为例，它为超级用户设定了很多任务特权。比如每日签到，当超级用户分别签到7天、14天和28天，对应的VIP天数就会增加1天、2天和7天。再比如，超级用户每天看视频满60分钟，就奖励成长值5个点，这个成长值可以帮助会员升级等级，而不同等级对应着不同权益。还有，超级用户关注微信公众号，可以增加3天的VIP时长。

与此类似，WPS的超级用户也有任务特权，包括完善用户账户信息、体验新功能、熟悉WPS使用等。同样，完成这些任务都是有奖励的，比如赠送VIP时长，这对超级用户本身是有吸引力的。

5. 生活类特权

生活类特权，主要是指企业整合的各种各样的资源，为超级用户提供衣、食、住、行、购物等方方面面的优惠福利。

目前，几乎所有平台类的企业都把生活类特权当作超级用户的重要权益和服务需求。这些生活类特权包容的内容相当广泛，既有实物产品，也有虚拟产品，主要的形式有优惠券、试用机会、免费名额、免费会员资格等。

爱奇艺为黄金VIP会员提供的每日福利，就是各种生活特权，涉及商品、美食、出行、服务等。

通常，企业可以用自身的资源和优势进行异业合作，去交换这些资源和服务。如果是特别有价值的资源或服务，企业也可以采购。总之，生活特权越丰富多彩，越能增加超级用户的黏性，体现超级用户权益的价值。

6. 积分特权

积分是一种很灵活的用户活跃手段，也是超级用户权益设计中必不可少的一项内容。数字化虚拟产品企业的积分特权，主要体现在超级用户积分奖励的倍数上。

相比普通用户，即便相同消费金额，超级用户会获得更多的积分奖励。举个例子，同样花了100元，普通用户获得100个积分，超级用户可能会获得300个积分。

企业的积分用途也有很多种，既有兑换实物商品的，也有兑换消费券的。总之，只要最终能让积分产生价值，它就会激发超级用户的消费行为，同时让他们更有优越感。

福利模块

1. 会员礼包

会员礼包，也称开卡礼包。这是给新加入的超级用户的见面礼。不同企业的会员礼包的价值和内容各不一样，但数字化虚拟产品企业有其共性，不会像实体零售企业那样提供实物礼品。考虑到发放的便捷性，该类企业主要会提供电子礼品卡或福利券。

以迅雷的超级用户为例。他们的会员礼包就比较丰富，既有生日福利，还有点播券、等级大礼包等。

有意思的是，迅雷的会员礼包是需要超级用户自行领取的，而不是企业主动派发到用户账户。这点跟京东Plus会员的优惠券发放一样，用户需要就主动去领取，这样也提高了礼包的使用率。毕竟发得多没用，真正用起来才是关键。

2. 优惠券和折扣券

在福利模块中，优惠券和折扣券是很常见的、几乎必备的超级用户权益。给券，在消费中相当于给用户省钱，区别只是在于门槛的高低。

比如，成为爱奇艺的黄金VIP用户后，你会得到一张电影点播券，可以用来点播相应的电影。这就相当于沃尔玛给了你一张60元钱的牛奶抵扣券，你领了券，可以到门店直接领一箱牛奶。除了点播券，爱奇艺还有付费影片的折扣券、线下电影票优惠券等。再如蜻蜓FM的超级用户权益里，企业每个月会给超级用户两张大额神券、专辑优惠券。

以上就是数字化虚拟产品类企业涉及超级用户权益时需要考虑的内容，参考这两大模块和八个维度，相信你也可以快速设计出一套自己的超级用户权益服务内容。

零售产品企业如何设计超级用户权益

前文提过，零售产品企业的会员模式属于二次付费模式。即第一次花钱，用户是购买付费会员的身份和权益；第二次花钱，才是购买商品。这类模式中，会员身份与商品消费行为是分离的。这类企业在设计超级用户的权益和服务时，该如何着手呢？有哪些共性的模块和维度呢？对此，我总结了以下五个模块：

价格模块

价格是零售类企业最容易凸显超级用户身份和权益的地方。潜在的超级用户虽然不属于价格敏感型用户，但由于有持续复购的需求，价格优惠依然具有最实在的吸引力。围绕价格权益的设计，不同企业会有差别，但总的来讲，有四种方向：

1. 会员价

即成为超级用户，就能享受到专属会员价。会员价通常是固定的、公开的。

2. 专属折扣

之所以称为专属折扣，是因为这是针对专门的产品或只在特别活动的时候才会有。例如在“妇女节”，企业可能会针对超级用户推出专属3.8折购物区。这种折扣并不是固定的，它会给超级用户创造不确定性的惊喜。

比如，某个企业在每个月都会为超级用户准备一场专属折扣活动，给出的折扣比会员价还低。专属活动中有即将上新的产品，有库存产品，还有外部合作的产品。

3. 充值返赠

成为超级用户之后，如果用户提前预充值，可以享受返赠。百果园就为自己的心享VIP会员提供了这种特权，充1000元赠送100元。这种方式本质上是价格优惠，相当于打了9折。

4. 消费返利

成为超级用户之后，企业会按照消费金额进行一定比例的返利，每家企业的返利比例不一样。比如按5%返利，那就是消费100元钱，返5元钱。

消费返利在不同企业操作方式也有不同。有的返利可以直接用于再次消费，有的则可以提现。如果企业整体给出5%的返利，则可以设置为3%以消费券返还，2%以现金形式返还，这样既有利于促进二次消费，又能强化用户的获得感，让用户感觉到消费时边花钱边赚钱。

服务模块

零售本身就是一门服务的生意。陈春花教授说，现在所有的企业都在做的一件事，就是把产品和服务融合起来。服务本身就是产品的一部分。对零售产品的企业而言，可以把售前、售中、售后这三个环节中的服务提炼出来，设计成为超级用户权益的内容。

首先是设置专属客服经理。不同行业对这一职位的称呼也不相同，比如在服装行业，可能叫“专属顾问”“专属搭配师”。他们要为超级用户提供专属客户服务，尤其是高客单价、贵重的商品，越需要人工服务。比如，百果园的心享会员、西贝VIP会员权益里都明确表示，会提供一对一专属客户经理。我作为这两家企业的VIP会员，亲自体验过他们的服务，确实比过去要及时，也更让人满意。

除了专属客服服务，还可以有上门取件、免费退换货、使用指导、免费雨伞、免费手部spa等不同类型的专属服务，这需要企业结合自身情况进行设置和创新。

福利模块

福利是指企业给超级用户的奖励或礼品，用户不需要花钱就能获得礼物、代金券、活动、学习资格、票务服务等。

送多大价值、什么类型的福利，需要根据企业的产品类型、收益来权衡。西贝为超级用户提供的生日福利，是价值60元的无门槛菜品券。而一家珠宝企业，会在用户生日当天送上一束鲜花和贺卡。试想一下，如果换成百果园，每年为超级用户送束鲜花，从场景和成本上考虑就不太合适，还不如送一张30元水果券。但珠宝企业送鲜花就比较合适，因为珠宝产品的价值够高，无论是自用还是送礼，都会让人很开心，这跟鲜花的使用场景相似。

不管怎么样，最重要的是企业能结合自身的资源进行深入思考。比如，西贝利用自身优势举办“亲子莜面体验营”的活动，超级用户可以免费优先参加。

产品模块

零售产品企业可以为超级用户提供专属定制的产品、专供的产品、新品体验的机会等。

比如一家淘宝服装店，他们为自己的超级用户提供了一项特权，超级用户每年有两次申请定制衣服的机会，为自己或家人朋友定制都可以。

2019年我给一家企业提供超级用户咨询服务时，我建议他们为超级用户提供免费试用新品的机会，每个月发放固定申请名额。最后实践下来，用户对这项权益的满意度很高。

所有企业能够整合提供给超级用户的产品，都可以作为产品模块的权益。除了自身产品，企业还可以利用自身资源与外部品牌合作。比如，2020年新冠疫情防控期间，在口罩、洗手液急缺的时候，企业能否借助自身渠道资源为超级用户提供这些产品，就是一次应急的产品权益。

其他特权模块

凡不在以上四个模块范围内的服务和优待，我们统一划分到其他特权模块里。

比如，百果园为心享VIP会员提供了20个VIP试用名额，以及积分特权、免排队或优先等位等都属于这一类。

以上就是我给大家总结的零售产品企业设计超级用户权益的五大维度。企业在设计时并不一定要包含所有的维度，可以选择其中的几个模块，主要保证超级用户的权益内容是丰富且有价值的。企业在设计时还要兼顾长远价值和短期利益，只有这样，才能培养出良性的超级用户。同时，权益和服务也要随着企业的发展、用户的反馈，不断升级迭代。这是一个动态优化的过程。

平台商超类企业如何设计超级用户权益

平台类和商超类企业，同样会采用二次付费的会员模式。它们本质上也是零售企业，但跟前文讲的零售企业的不同点在于，它们的商品种类极其丰富。比如沃尔玛，它的商品数量高达8万至10万种；又比如京东，则有上百万种商品。

这类企业相当于购物平台（卖场），商品种类多，用户的消费频次自然也非常高。而且平台企业的商业模式跟零售品牌不一样，前者靠抽提成或广告费赢利，后者是靠卖产品赚差价。因此，在设计超级用户权益和服务时，两者的侧重点会有所不同。

在总结和分析大量案例之后，我将这类企业的超级用户权益分为五个模块，分别是价格模块、优惠券模块、服务模块、生活福利模块和其他特权模块。

价格模块

和零售产品企业类似，价格模块也是平台商超类企业设计超级用户权益的重要维度。具体方式也包括会员价和专属折扣，但平台商超类企业还有一种做法，就是专属会员日或专属购物节。通常，企业都会挑一天时间作为固定的会员日。在这一天，企业面向超级用户们的促销力度会比以往更大。

比如，京东把每月8号定为京东Plus会员日，苏宁易购把每月26日定为会员日，全家旗下的甄选会把每月20号定为会员日。当然，也有按照每周来定的，如全家便利店把会员日定为每周三，称为“疯狂星期三”。

优惠券模块

优惠券是企业提升消费、活跃用户的重要手段，当然也是超级用户权益和服务的重要组成部分。目前，平台商超类企业围绕优惠券会有以下四种形式：

第一，赠送运费券。因为目前送货到家是网上购物必不可少的环节，用户也都习惯了包邮、免运费这样的服务。所以，企业索性就把运费券当作超级用户的权益。比如，京东每个月为Plus会员提供5张运费券，每张价值6元，一年就是360元。后来，由于京东新增了寄快递业务，所以他们又叠加赠送3元的快递券。苏宁易购则把运费券分为国内运费券与国际运费券，每月分别提供2张面值5元和1张面值10元的运费券，这样算下来一年也有240元。

第二，月度券礼包。不同企业可能叫法会不一样，但是其本质相同。

京东每个月都会发放100元的全品类优惠券，分为5元、10元、20元不同面值，并且都会有相应的使用门槛。比如，5元券需要消费满105元才能使用，10元券要消费满200元可用。有些企业还会发放一些特定类目的优惠券，比如服饰、数码优惠券等，具体要看不同类目的毛利和促销政策。

第三，大促优惠券。这是企业专门针对特定促销活动的优惠券，比如“618”“双十一”等大促期间，企业发放的优惠券就是他们给超级用户的专属权益。

第四，特色优惠券。一些线下的商超卖场，会结合线下消费场景，给超级用户发放停车券、洗车券等特色优惠券。

如今各类优惠券已经非常常见，因此企业在设计这些优惠券的使用规则时，应该多一些诚意，少些套路，否则会适得其反，伤害超级用户的感情。

服务模块

服务模块几乎是不同行业的企业都会为超级用户提供的一项贴心服务。

平台商超企业也不例外，他们的服务会包括专属客户服务、无忧退换货、急速退款服务、免费上门取件、退换货包邮服务等。此处不再赘述。

生活福利模块

为超级用户提供生活周边相关的福利，是平台商超类企业的一大优势。像京东、苏宁易购、银泰等企业，他们都在利用自身的优势，整合非常多的线上线下资源，为超级用户提供生活福利。

以京东Plus会员为例。成为京东的Plus会员之后，用户能享受餐饮美食、酒店出行、生活服务、金融理财、娱乐影音等生活方方面面的实惠和便利，而且这些生活服务还会随着市场变化不断调整。比如在疫情防控期间，京东Plus权益服务里上线了京东健康在线问诊的服务，超级用户可享有12次免费极速在线问诊。这些生活福利，可以成为超级用户权益的一大亮点，增加超级用户的身份优越感。

其他特权模块

1. 积分兑换。对平台商超类企业而言，购物返利的特权是一项具有吸引力的权益，但他们很多时候不是直接返钱，而是通过消费积分的形式奖励超级用户。比如，京东返京豆，苏宁易购返云钻，且超级用户会比普通用户有更高倍数的积分返还，最后这些京豆、云钻都可以兑换成消费券。

2. 专属会员店。店内仅限超级用户购买，商品也都是专门挑选过的。比如，京东推出的Plus会员店就是专供会员进行购物的店铺。全家旗下的甄选会为超级用户提供诸如0元领购商品的特权。

总之，只要是企业自己独特的、有价值的、能够增加超级用户专属感的服务，都可以加入到超级用户权益中，这也代表着企业的独特竞争力。

以上五个模块，就是平台商超类企业在设计超级用户权益时可以参考的维度。

本章我们总结了三类不同企业如何设计超级用户权益。它们既有共性，也有差别。

在发展超级用户的初创期，企业的超级用户权益可能不会那么完美，但只需要把握好原则，后续可以不断地迭代改进，不必急于求成。当超级用户的权益设计完后，企业要尽可能把它的价值数字化，让用户看到。当然，这个数字要比成为超级用户的会员费高，这样会增加用户成为超级用户的转化率。比如西贝的超级用户权益中，光是“开卡礼”标注的价值就达310元，而它的超级用户会员定价才299元，这会让用户觉得很划算。一眼就能看到实惠，这也是企业对超级用户权益进行定价的参考技巧。

第十二章 运营维护企业超级用户

前面的方法和技巧已经足够帮助企业设计出一套完整的超级用户权益方案，但如果仅仅靠这个方案就能保证成功，那成功未免太简单了。

赢在起跑线，并不代表能赢到终点。找到、培养、筛选出超级用户都只是铺垫，更重要的是如何持续运营和维护超级用户，保证他们的续费率和活跃度。

在这章我们将看到运营超级用户的三大基础，以及需要企业持续推进的四大运营工作，了解有哪些承载和管理超级用户的方式，它们分别有什么特点和优缺点，以及如何对超级用户的运营成功进行考评，以便后续的运营工作更加完善。最后，我们将学习如何激励现存的超级用户，让他们为企业做宣传，帮助企业带来新用户甚至新超级用户。

超级用户运营的基础

如果把超级用户的运营比作马拉松长跑，那真正保证成功的不是技巧，而是企业的实力，包括超级产品、超级服务和超级员工。这是超级用户运营的基础，也是企业持续成功的基础，我称之为“三超原则”。

超级产品

超级用户需要匹配超级产品。产品是企业连接用户的基础，如果产品本身都不具备竞争力，那就很难做到打造超级用户。

关于产品竞争力，有的企业可能会不服气：我的产品和其他企业的产品也差不多啊，为什么做不好超级用户运营？请大家看看身边那些只是把产品做得差不多的企业，有几个是拥有超级用户，成为超级品牌的。差不多的产品只能服务差不多的用户，而超级用户是产品的忠实用户，他们更敏感、更挑剔，企业必须努力保证自己的产品是优秀的。

所谓超级产品，并不是指完美的产品，毕竟世间也没有完美的产品。超级产品是指企业能提供的差异化、有竞争力，能满足目标用户期望，让80%的人满意的产品。同时，这样的产品还应该尽可能满足**有情怀、有高性价比、有创新**这三个特点。

产品有情怀，不是指要大谈特谈企业的梦想。企业不能把自己仅仅当成一个生产和销售产品的机器，而是基于企业的理想和追求，将自己作为一个创造和满足客户需求的有机体。企业最终把产品交付给一个有感情、有温度的人使用。在生产和销售产品的过程中，企业要随时随地关注人的需求，从功能设计、使用体验、营销包装到售后服务各个环节都要以人为本。企业要做到让用户使用完企业的产品后，一定是愉快和舒心的。

比如苹果手机，它极致、简洁的设计感，和乔布斯所倡导的极简追求分不开；小米手机的极致性价比，跟雷军的初心分不开；褚橙被称为励志橙，与褚时健的创业精神分不开。这些产品之所以风靡，不单单是实用，而是带着故事、使命，富有精神追求，于是它们成了超级产品的典范。

超级产品必须有高性价比。性价比并不仅仅指质量、品质跟价格的关系，它还包括品牌理念、设计美感等思考维度。很多人会认为一个LV的包包贵，可是对LV的目标用户而言，性价比就很高。

高性价比，是指企业能够在力所能及的范围之内，提供最好的满足用户需要的产品，它包含了产品的品质、工艺、寓意、品牌、价格等这些综合因素。更重要的是，对目标用户谈性价比才有意义。

在国内谈到性价比，我们可能首先会想起小米。一直以来，雷军反复强调，要做价格厚道的品牌。这从当初小米电源的定价就可以看出来。在2013年的时候，整个移动电源的市场价格都比较高，在199—300元之间，而小米居然推出了69元的移动电源。这款移动电源的设计简约，外观精致，采用了首创的铝合金外壳，兼具颜值和手感，怎么看都不像69元能买到的。据说其背后有这样一个故事，当时小米移动电源的负责人张峰找到雷军，说准备做两条移动电源的产品线，一条是国产的移动电源，定价69元，另一条是进口的高标准移动电源，定价99元。听完后，雷军说，小米要做就做高标准、高品质的产品，但是价格要最低。所以，要69元的价格，99元的品质。这差点把张峰给逼疯了。但正是这样的高标准要求下，张峰最终找到合作伙伴，做出了超高性价比的移动电源。这款移动电源当年出货量达到2000万个，引爆全球市场，再次打响了小米品牌。

超级产品还必须有创新能力。所谓创新，就是要跟市面上的产品有差异，并且要在产品的制造、功能、成本、用户需求、产品体验方面有突破性的改进。比如，iPhone做出了无键盘手机，相比以前那些有键盘的手机，这是科技的创新。只是改变一下包装、换个口号、降点价，都不是真正的创新。

今天我们熟知的那些超级品牌，如可口可乐、麦当劳、星巴克、海底捞，无一不拥有成功的超级产品。这些产品都是以用户为中心，有情怀，有高性价比，有创新能力的，所以它们能够吸引超级用户，并成为行业的常青树。

超级服务

所谓超级服务，是指**恰到好处的、贴心的、超出用户预期的**服务。它不是企业对用户的过度服务或强加的服务。

所以，超级服务要从用户的实际需求出发，进行调研分析，最终提炼出来。在思考超级用户的服务时，企业可以围绕售前、售中、售后三个环节来挖掘用户的需求。

我曾为一家企业设计超级服务时，和他们的团队一起梳理了用户从获得企业信息到购买完成，直至享受售后服务的整个链路。我们找出了用户可能存在的所有服务需求，共31种。比如，用户开车来门店，需要提前预约停车位；用户到店却遇到下雨天气，需要备好雨伞；用户买完产品，产品需要定期的售后保养，但他们可能会忘记，需要在保养前7天主动提醒……就是这样，我们回到用户视角，把这31项服务挨个罗列出来，分析研究，最终挑选了一部分作为企业的标准服务。

目前，在超级服务方面做得最好的要数海底捞。很多人都享受过“捞式服务”。如果你是女生，披散着头发进去用餐，服务员一定会给你一个发绳，方便你把头发扎起来；如果你戴着眼镜去用餐，服务员会送给你几包擦眼镜的一次性用纸。这些细节服务，无一不打动了用户。可是仔细想想，这些细节很难发现吗？也许按照上文的方式，站在用户的角度，并不难找到。

超级服务一部分是企业规定的标准服务，另一部分是员工在一定企业授权范围内自发提供的。这就需要企业文化和价值观的培养。

比如，我曾经住过一家酒店，临走前将一本书落在了酒店房间。我本想打电话过去问，但先一步接到了酒店员工的电话，他跟我确认了信息，并询问了我的地址，表示会主动帮我把书寄过来。后来，我们还加了微信，我要给他快递费，他没收，说这只是小事。

我住过很多酒店，大多是中高端酒店，也落过几回东西，甚至有些还是相对贵重的物品，但几乎没有接到过酒店主动来询问的电话。而前面故事中的这个员工，其实并没有义务和责任自己掏钱将物品给我寄过来，但他这么做了，因此我也深深记住了他们的酒店品牌。因为在我看来，他有这样的行为跟他们企业的文化是分不开的。

提供超级服务的机会无处不在，只要企业多在用户身上用些心思，就能轻易发现。

超级员工

无论是超级产品还是超级服务，都需要人来提供。因此，在某种程度上可以说，超级员工支撑着超级用户运营，只有超级员工才能做出超级产品、提供超级服务。比如前面例子里那个酒店的员工就是。那到底什么样的员工才是超级员工呢？

罗振宇曾给过答案。他在一次跨年演讲上讲过一名顺丰快递员的故事。那个快递员叫杨勇，从得到创业开始就负责得到办公室快递业务。由于得到创业之初人少，很多时候打包封装没人做，都是杨勇帮忙办。后来得到搬家了，不在杨勇负责的片区，又到一年一度寄送跨年演讲门票的时候，这么重要的事情，时间也紧急，得到打电话给杨勇，说要是不违反公司规定，希望还是他来干。杨勇二话没说，连续5个晚上把7000多张门票给寄出去了。

为什么罗振宇要在跨年演讲上讲这件事？就是因为杨勇这么多年不论分内还是分外的工作，都是积极主动、充满热情地在干，罗振宇自然被打动了。

从杨勇的身上我们可以看到一名超级员工具备的基本特质，那就是专业、热情、富有责任感。当企业员工具备了这三点素质，就基本成为一名合格的超级员工了。超级员工是企业很宝贵的资源，不过能不能培养出超级员工，核心还是企业的文化愿景和价值观决定的。什么样的文化造就什么样的员工。

当企业能够围绕超级产品、超级服务、超级员工三方面不断努力提升，那就具备了持续运营维护超级用户的基础。有了这三项基础，前文的方法和技巧才会更加奏效。

贯穿始终的四项运维工作

其实在前文讲企业发展超级用户的四个阶段时已经涉及了一些运营维护的工作，不过那里讲的是不同发展阶段，企业需要重点去做的工作。但如果我们从企业培养超级用户的全局来看，有四项工作是需要企业持续投入精力去推进的，即便企业已经进入了成熟期。

1. 优化超级用户权益

企业的超级用户权益是留住超级用户的关键，因此必须保证有足够的价值感，需要随着用户需求的变化不断优化。

优化和调整可以半年或一年为单位周期。如果要删减权益服务，应尽量等到上一批超级用户会员权益结束，并提前通知；如果要新增重大的权益服务，则可以在老用户续费前更新通知。

企业调整权益服务不是漫无目的的，而是要有计划、有目标。通常企业可以围绕新业务、新用户需求和新资源三个方面来调整。当企业每年推出新业务，而且新业务在超级用户权益范围内，就要及时让用户知道；平时要多收集超级用户、普通用户的问题和建议，定期整理分析，发现新需求，遇见好的建议可以采纳，然后对权益服务进行更新；当企业获得了新资源，而这项资源可以用到超级用户权益或服务，也应及时更新优化。

2. 建立全渠道超级用户服务触点

我们出差坐飞机，常常会在机场看到某些银行的贵宾休息室。这时如果你恰好是其中某个银行的VIP客户，你就可以免费进去休息，此时你会不会有种作为这个银行VIP的荣耀感和优越感？我们坐高铁，经常会遇到进安检排长队的情况，这时如果突然看到京东跟高铁站展开合作，开辟了京东Plus会员绿色通道，而你刚好是京东Plus会员，会不会有满满的自豪感和幸福感？

这就是便利性带给用户的体验。所以，企业应该竭尽可能地扩大超级用户的服务触点。比如，企业优化超级用户权益时，可以从这些方面去思考：如果以前只限线上使用，现在是不是扩展到线下？如果以前只能部分产品适用，现在是不是可以全品类适用？如果以前只能在天猫商城识别超级用户，让他们享受权益，现在是不是可以做到App、公众号、微商城的超级用户都能识别和享受？

总之，企业要尽可能让超级用户随时随地享受权益，让他们感受到身份的尊贵感和服务的便利性。用户只有越用才会越觉得有用。

3. 创建超级用户的等级

用户要分层，超级用户也要分等级。不同等级对应着不同的类型和需求。创建超级用户的等级能够让企业更好地服务超级用户，其中涉及分级、保级、升级三项工作。

分级是指企业针对不同超级用户群体进行区分，做到不同人享受不同的超级用户权益和服务。在纵向划分上，企业可以根据超级用户的不同消费能力，设置几层超级用户的等级和权益。举个例子，V1、V2、V3分别对应99元/年、199元/年、299/年的权益服务。这类分级方式的好处在于，低等级的超级用户会看到上升的空间，感受到更高层级的权益吸引，企业也可以不断推出更高权益和服务的会员身份，做到动态优化，促活用户。

在横向划分上，企业可以按人群类型进行分级。比如，孩子王的超级用户就分为孩子王黑金卡和孕享卡，前者是针对所有用户，而孕享卡是针对怀孕期间的妈妈，专门为这个细分人群提供的超级服务权益。这就是针对不同的人群，设计不同的超级用户权益，满足细分需求。这类分级方式有利于超级用户的精细化运营维护，提高他们的专属价值感和留存度。

除了对超级用户进行分级以外，还可以实施保级政策。根据超级用户的消费行为，提供保持其超级用户身份的机会，而不需要再花钱购买。当然，每家企业的保级标准会不一样。常用有两种方式，一种是一年之内消费满足一定的额度，即可获得保级资格；另一种是积分兑换，比如99元的会员费，其中50元可以通过积分兑换，还有49元支付费用。

与此类似，企业还可以设计升级制度，比如超级用户一年内消费满1万元，可免费从V1级升级到V2级。

以上这些超级用户的运营规则和玩法，都可以保持超级用户的活跃度。

4. 建立健全超级用户的激励体系

在运营和维护超级用户时，企业也要使用一些激励手段，目前主要有积分、返利和荣誉三种方式。

首先，积分是最常用也很有效的方式。它可以把用户的消费行为数字化和货币化。想要设计好积分系统，最重要的两个环节是积分怎么来，以及积分怎么消耗。通常积分的主要来源是消费产生，具体的兑换比例由企业自己决定。比如，用户消费金额是1元等于1积分，还是10元等于1积分，要根据企业产品单价来制定。除消费外，超级用户做任务也能获得积分，比如完善个人信息、关注公众号、每天签到、分享转发等，都可以给予不同的积分奖励。然后是积分的消耗。消耗意味着兑现，这是用户最关心的。通常积分可以兑换购物券，或兑换实物礼品、特权服务。这要根据企业的实际情况制定。

其次是返利，可以是消费返利，也可以是分享推荐返利，有返积分的，也有返佣金的。

最后，企业还可以通过身份和荣誉进行激励。比如发布最活跃超级用户榜单，邀请榜单内的用户参与新品发布会，颁发年度荣誉奖等。

目前在企业的用户激励体系中，返利和荣誉激励用得会比较少一些，主要还是积分系统。

持续推进这四项工作，可以保持超级用户的二次续费率和活跃度。目前，超级用户在国内刚刚起步，大多数企业都在摸索，因此也希望各企业能找到一套真正适合自己的运营方法。

如何承载和管理超级用户

超级用户的运营和维护不是杂乱无章的，还需要依靠一定系统化的方式和工具。超级用户是企业最宝贵的客户资产。不同的企业，由于营收规模和超级用户的数量都不一样，能投入的人力和资源也不同，所以在选择承载和管理超级用户的方式和工具上也会不一样。

承载和管理超级用户的方式可分成两种：

第一种是简约型管理。

这种方式简单灵活，成本低，易上手，比较适合中小微企业，或者大企业的试点阶段。在这种方式下，企业只需要用私域流量池就可以承载超级用户，并且服务、管理他们。以微信生态的私域流量池为例，采用“个人微信号（含群）+ 公众号 + 微商城”，企业就能组合成完整的承载平台。

个人号和公众号可以作为承载超级用户的池塘，微商城则作为交易的平台。这样既保证了跟超级用户的互动沟通，又能引导成交，形成一个简单实用的闭环。

这样的承载和管理方式，适合超级用户的数量不高于5万的企业，它的投入产出比比较划算，即使将这些超级用户全部用个人微信号来管理，大概需要20个微信号，一个五人左右的运营团队就可以运营起来。如果是侧重客服沟通的企业，那就还需要增加销售型客服。按照前文私域运营的标准化方法，企业完全可以做好简约型管理。

但这种运营方式的缺点是，无法扩大私域流量池规模，并且大部分数据需要人工记录，运营效率会有瓶颈，并且目前来看，微信正在主推企业微信，企业微信对个人号有严格的管控，这种方式面临着微信未来政策的风险。

第二种是标准型管理。

我在2019年指导一家企业时发现，他们前期采用的是简约型管理，后来当超级用户数量突破1万时，他们看到了巨大的价值，于是开始计划如何数字化规模化地管理超级用户。

这就是第二种超级用户的承载和管理方式——标准型管理。这种管理方式要求企业建立专门的超级用户管理系统，配备更完整专业的运营团队。

因为超级用户模式在国内刚刚兴起，到目前为止，我还没有发现专门针对超级用户管理的系统工具。虽然有赞、微盟的商城中有一些VIP会员功能模块，但大多比较简单。而且，商城系统中的客户管理与真正的客户关系管理工具还是有很大差别。

我相信，接下来中国的企业都会进入精细化运营时代，无论大中企业还是小企业，都需要客户关系管理。在我给一些企业设计客户关系管理系统时，通常会把整套系统分为三层，即前端的交互管理、中端的会员管理、后端的营销管理。接下来，我就详细讲一讲每一层涵盖的内容和功能，希望为企业构建超级用户的标准化管理系统提供思路。

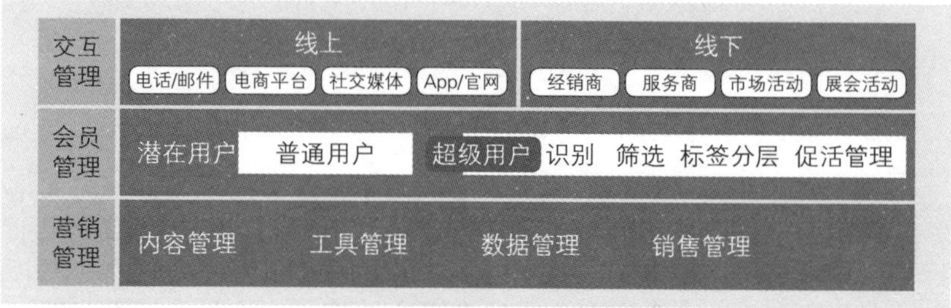

图 12-1　客户关系管理系统模型

1. 前端的交互管理

前端的交互管理，是通过各种能够接触到超级用户的渠道触点，获得超级用户的信息，如消费信息、社交信息、互动信息等。它可分为线上渠道和线下渠道两部分。

线上渠道，主要是指线上销售渠道、线上社交媒体等。比如天猫店、淘宝店、京东店铺、微商城、企业自有App等，企业能从这些渠道获得超级用户的消费数据，包括复购频次、消费金额、客单价、最近消费产品、关注的产品等信息。又如微博、公众号、抖音、小红书等，企业可以从这部分渠道获得超级用户的社交信息，如昵称头像、留言评价、转发分享等信息。同时，还有电话呼叫、官方网站等渠道。企业通过这些渠道获取的信息也要尽可能连接到前端的交互管理中。

线下渠道，包括线下门店、代理商、经销商、线下活动这些渠道。当企业全渠道接触、服务超级用户，就可以将超级用户的信息同步到管理系统，便于获得更清晰的用户画像。

在前端的交互渠道中，尤其是线下门店，目前很多用户的信息还不能做到自动录入，往往需要导购收集登记。

我为一家零售品牌提供客户经营的咨询时，就曾帮助他们的门店建立了一套用户信息采集的流程和规范，专门培训门店导购如何打标签，登记必要信息。这样就保证了门店中端到终端的数据同步。

这一做法，其实也同样适用于电商客服。客服可以将跟用户沟通中获取的信息规范化地录入管理系统。如此，超级用户管理的前端交互管理就完善起来了。

2. 中端的会员管理

这个部分相当于超级用户信息的识别和过滤环节。它需要对前端不同渠道获取的信息进行过滤、匹配，识别系统中的超级用户身份。比如，系统中有一个超级用户叫作晏涛，但是微博、微信上有个用户叫三寿，最后通过电话号码识别匹配，发现晏涛就是三寿，这个时候企业的超级用户管理系统中就要更新合并这些信息，形成用户画像：晏涛，昵称三寿，电话123456789，性别男，等等。

中端的会员管理非常重要，它不仅要识别匹配信息，还要在超级用户的用户端显示出超级用户的身份、名字、昵称、等级、权益、积分等信息。相当于超级用户拥有了一张企业发的电子身份证，这样会让超级用户更加有归属感和身份感。今天，绝大部分超级用户的企业已经有了这样的用户界面。

中端的会员管理中包含着大量的数据、标签采集工作，这些都需要企业先建立模型，弄清楚究竟需要什么信息，包括哪些维度。只有规律有序的信息才有用。比如身份信息，包括姓名、社交昵称、性别、年龄、手机号、城市、职业等。这些信息的来源不止一个前端渠道，可能包含天猫、微博、活动参与等多个触点，并且还会不断地丰富、完善。

会员标签不能太多，也不能太少。这需要企业提前设计好标签的维度，在运营中收集和完善。而且不同企业所需要的信息不同，标签维度也会不同。

中端的会员管理还包括对会员等级的划分。企业要根据等级为他们匹配相应的权益服务，以及收录会员社交行为，如他们跟企业社交媒体之前是否有过点赞、留言、转发、推荐等行为，带来了怎样的效果。

以上这些都是企业希望在超级用户的管理系统中尽可能获取的信息。目前来看，市面上一些标准的管理工具还并不能支撑。但我相信未来一定会有这样完善的系统出现，这是大势所趋。

3. 后端的营销管理

这个管理系统的最底层就是营销管理后台，它是发出指令、产生运营行为的环节。前端和中端搜集的数据都是为了在后端进行有效的操作。

在系统的营销管理部分，有以下四个功能模块：

（1）营销内容管理。企业可以把要发到公众号、小红书、微博、朋友圈等渠道的所有内容都管理起来，统一编辑、分发，跟踪数据效果。这意味着形成了一个企业内容库或者内容创作中心，内容素材可以共享给经销商、合作伙伴。同时，企业还能从社交渠道抓取用户的晒图、测评等内容素材。

（2）营销工具管理。企业应定期发起一些营销活动，这就需要一些营销工具，比如拼团、裂变、砍价、秒杀、抽奖、优惠券等功能。这些工具会让活动形式更丰富。

（3）营销数据管理。可将超级用户的人群画像、消费行为、消费数据、增长趋势等形成图表、文字性报告。其中既有营销数据、销售数据，还有用户互动数据，这些数据会帮助企业提升运营效率。

（4）销售管理。超级用户的管理系统中必须有商城系统，对商品和交易进行管理。

有了这四部分，整个管理系统就实现了对前端、中端到后端全部数据的管控，知道超级用户的完整信息，跟踪超级用户从运营到成交的完整闭环。

企业可以知道哪些超级用户非常活跃，哪些更有消费潜力，哪些最近一个月买过，哪些半年没来了，哪些即将过生日，哪些用户正在投诉，以及他们处于哪个级别。这时候企业的营销和关怀就变得有目标了。

目前，客户关系管理在国内慢慢受到重视，一定会发挥越来越重要的作用。只有做好客户关系管理，经营好客户，才能打造出真正的品牌。

超级用户运营的考量指标

打造超级用户是一项长期计划，从开始到真正创造利润增长是需要时间和过程的。企业一方面要积累运营经验，评估运营团队的工作价值，另一方面也要基于此对这项工作未来的发展效果做出预判。因此，对运营效果进行考量，是打造超级用户过程中必不可少的一个环节。

在过去的实践中，我把超级用户运营的考量指标分为两种类型，一种是运营型指标，另一种是效果型指标。

运营型指标，反映的是在培养、筛选和维护超级用户过程中每个环节工作的状态和情况。

而效果指标，则是直接反映了超级用户带来的成果，比如销售额、会员费收入等跟营收相关的数据和结果。

运营型指标

这一类型的指标一共有七个，包括超级用户数量、渗透率、购买活跃度、超级用户转化率、购买率、复购频率和超级用户满意度。

超级用户的数量是指当下企业所拥有的，在有效服务期内付费会员的总人数。它直接反映了企业超级用户的整体数量规模，也是对企业打造超级用户这项工作一个很重要的结果呈现。超级用户数量越大，代表拥有的忠实用户越多，品牌力越强。

渗透率是指企业超级用户占企业用户总量的比例。渗透率高，不仅说明企业超级用户权益设计非常好，更加说明了用户对品牌的忠诚度和喜爱程度，也从侧面反映了企业的市场竞争力。比如亚马逊，它的Prime会员渗透了高达50%，充分说明用户对亚马逊提供产品和服务的满意度。

购买活跃度是指在某一段时间之内——比如季度或年度——超级

用户的购买人数占总购买人数的比例，或者是超级用户的订单数占企业总订单数的比例。通过这个数据指标，我们可以看到超级用户是否真正对企业增长起到了促进作用。购买活跃度越高，越能说明超级用户的身份对用户复购的价值。

超级用户转化率是指在一段时间之内，企业进行超级用户的宣传和推广，最后实际转化为超级用户的人数占目标推广人群数量的比例。这个转化率反映出企业超级用户的权益设计是否有吸引力，超级用户的推广方案是否奏效。当然，影响转化率的因素也很多，不同类型的企业影响因素也不一样。常见的影响因素有会员制定价、推广文案、展示渠道等。

超级用户的增长率是指一段时间之内，企业超级用户总人数的增长比例。增长率可以反映超级用户在企业中的发展趋势，从而判断超级用户是否处于良性持续发展。

超级用户的复购频次是指用户在成为超级用户之后，一段时间内复购次数。它是反映超级用户价值的重要维度。复购频次越高，说明打造超级用户越有效，越接近企业打造超级用户的目的。

超级用户满意度是指用户成为超级用户之后，对企业给的服务和权益是否满意。它会侧面透露出超级用户的二次续费率。关于满意度，我们常常会通过净推荐值（NPS）来衡量。举个例子，我找10位学员，让他们从0到10对三寿营销频道的课程进行打分。其中，给8—10分的为推荐者，给6—8分的为中立者（既不推荐也不贬损），给0—6分的为批评者。结果，推荐者有5个，贬损者有3个，中立者有2个，那么净推荐值就是5/10–3/10=1/5，即20%。

通常NPS的得分值在50%以上被认为是不错的。如果NPS的得分值在70%—80%之间，则证明公司拥有一批高忠诚度的好客户。调查显示，大部分公司的NPS值是在5%—10%之间徘徊。企业可以定期针对超级用户进行满意度调查，这样有利于优化超级用户的运营工作。

效果指标

这类指标有四个，分别是会员费收入、超级用户贡献的销售额、超级用户二次续费率、超级用户的单客产值。

会员费收入是指所有超级用户缴纳的会员费。对于一些会员制企业来说，这是他们的重要收入来源。

超级用户贡献的销售额是指所有的超级用户为企业带来的销售总收入，这也是企业培养超级用户的直接目的。贡献销售额越大，说明企业运营超级用户越成功，也证明将80%的资源精力投入在20%重要客户身上，是一个正确的增长策略。

超级用户二次续费率是指超级用户在身份到期前，续费人数占所有超级用户数量的比例。续费率是衡量超级用户运营好坏的一个非常重要的指标。这项数据就能很好地说明为什么亚马逊、好市多是优秀的企业。这两家企业的会员续费率均超过90%，意味着每年100个超级用户中，有90个用户愿意在下一年继续花钱成为会员。

超级用户的单客产值是指单个超级用户在一段时间内消费的总金额的平均值，通常我们会按照一年时间计算，得出年度单客产值。这个指标跟复购频次息息相关，因为复购越高，超级用户的年度单客产值也越高。我在2019年指导过一家企业，他们用了大半年时间培养超级用户，到了年底发现超级用户的单客产值达到了普通用户的三倍多，这就说明超级用户运营是很有成效的。随着运营时间再长一些，发展更成熟些，我预计他们超级用户的单客产值还会再提升。

在实际运营中，企业通常要把运营型指标和效果型指标结合起来看。运营型指标反映的是运营过程中的状态，如运营工作是否有效、是否标准，而效果型指标则会直接跟企业的最终目的相关。运营型指标与效果型指标是相辅相成、相互影响的。不可能运营指标非常好，但是效果指标很差，如果出现了这样的情况，一定是因为做了假数据。反之亦然。

有时候效果型指标具有滞后性，这个时候企业就需要根据运营型指标对运营工作进行不断优化、提升，最后效果自然就会显现出来。

让超级用户带来新用户

借助已有的超级用户带来更多新用户甚至超级用户，是当下很多企业关注的话题。在我看来，超级用户也是潜在的超级销售员，通过他们带来新客户是非常有效的拓客方式。

每个用户都有自己的社交圈层，而超级用户本身是产品的重度用户，在生活中可能还是一位达人，或担任着意见领袖的角色。他们的身边，自然会存在一些跟他们有相同消费能力或消费价值观相似的企业潜在用户。这些潜在用户，往往对超级用户们有着天然的信赖。

如果企业能够激发超级用户帮助分享，甚至邀请其成为企业的超级销售员，就能借助他们的社交关系，快速帮助企业找到有效的新用户，提升销售额。

企业如何实现让超级用户带来新用户，我总结了以下四个方法：

1. 权益共享

权益共享是指超级用户可以把自己享有的超级用户权益共享给身边的人。以山姆会员店为例，它是沃尔玛旗下的高端会员制品牌。它的个人会员在办理完成之后会有一张主卡和一张亲友卡。亲友卡的权益跟主卡是一样的，不需要付费，但必须在主卡正常的前提下才能用。它的期限跟主卡一致。

这就是一种聪明的权益共享策略。试想一下，当你拿到这张亲友卡，会放着不用吗？大部分人是不会的，因为这里头可是包含着260元会员年费带来的权益，所以你会尽可能想着送给身边有需要的人。

那你会送给谁呢？首先一定是关系好的人，并且你会确认他有没有没这样的需求。如果是一个常年宅在家网购的人，很明显你不会考虑送给他。你会试图找到一个既有到山姆会员店购物需求，又关系还不错的人。这个过程，实际上就是你在帮助山姆会员店筛选准会员。

当找到这个人后，他可能用着用着就习惯在山姆购物了。一年之后，这位朋友很有可能就会加入会员。

所以，这样的权益共享能帮助山姆会员店发展很多超级用户，并且做到了让老用户高兴的同时，新用户也高兴。

2. 赠送超级用户体验资格

有的企业会选择赠送VIP体验资格来获取新客户。这意味着用户成了他们的超级用户后，企业赠送他一些VIP会员的体验资格时，他可以送给身边的人限时体验。

以百果园为例。当我付费加入百果园的心享会员之后，就拥有了20个VIP体验资格的名额，有效期为30天。我原本以为这是一个鸡肋的福利，没想到过了一段时间，办公室有同事在讨论车厘子，说到百果园的车厘子如何好吃，恨不得现场就订一份。这个时候，我立马想到自己有百果园的VIP体验名额，当场就送出了4个会员名额，这4个同事最后都订购了百果园的水果，享用了会员资格。

你看，我一下子就变成了百果园的超级销售员。这种巧妙的设计，也是在利用超级用户帮助企业带来新用户。

3. 免费送出会员

上文提到的百果园只是赠送限时体验资格，而有的企业真的会免费送超级用户会员资格，这种情况更多出现在零售产品企业。他们都是属于二次付费的会员模式，会员身份跟商品消费是分离的，所以即便免费送会员，也几乎不会出现亏损。

华住酒店集团就是很典型的例子。华住会是我最早发现的送超级用户资格的企业。他们有两档付费会员，对应着不同的权益。银会员年费49元，金会员年费219元，我很早就成了他们的金会员。

有一次，我在App里发现华住酒店推出了一个礼遇会员的营销活动，给我赠送了1个金会员名额和2个银会员名额，鼓励我分享给身边有需要的朋友，让他们也能在路途中住得好一点。

华住的金会员享有一系列的权益，比如住房8.8折、免费早餐、双倍积分、延时退房、免费茶点等。这些都是很有含金量的权益。所以，我看到这个免费的金会员名额，就想着物尽其用，送给身边有需要的朋友或同事。

有一次我跟同事住全季酒店（华住旗下的品牌酒店之一）。第二天吃早饭的时候，同事因为不是金会员而需要付35元早餐费，我就问服务员，如果他现场办理金会员是不是就可以免了，得到肯定的回复之后，我就把那个名额赠送给了他。

没过多久，我和他再一次出差，他先出发订了酒店。到了之后我发现，他预定的是全季酒店，他真的开始使用华住会金会员的权益了。很显然，我又为华住会成功带来了一名新的超级用户。

我们会发现身边这样类似的案例不少，这其实就是利用了用户的一种心理：自己有了额外的一份好东西，不想浪费时，就想分享给身边的人。又因为这件东西很有价值，他们不会随便分享，而是会认真筛选，这就为企业带去了精准的用户。

4. 分享返利

在激励用户帮忙分享传播方面，返利是一个屡试不爽的策略。但不同企业会有不同的分享返利形式。

樊登读书会在分享返利方面做得很好。他们的机制是这样的：当用户成为樊登读书会的付费会员之后，可以把自己觉得好的书分享到朋友圈、微信群或身边的人。如果有人通过他分享的链接注册了，他就会相应地延长会员时间，1个人注册增加3天，上不封顶。如果有人注册并且付费成了会员，那他会获得学习奖励基金，可以用于兑换奖品。这个机制让已有的会员多了不少分享的动力，毕竟书承载的是知识，分享有价值的知识是一种美德，况且还能返利。通过这种方式，他们通过老用户带来不少新用户。

樊登读书会返的“利”是权益，有些企业返的则是钱。

比如，爱奇艺就做了一个分享赚钱的联盟，激励超级用户向身边的人分享爱奇艺会员，如果有人付费，就能得到佣金。这样的方式看起来确实简单粗暴，但它是有用的，尤其在一些老百姓的日常消费品领域。倘若在一些奢侈品、高端人群领域，赤裸裸的佣金激励可能就不适合，这与他们的品牌调性不符，而且他们的目标人群不属于价格敏感性群体，小额度的返利不足以触动他们。

纯粹的利益驱动虽然在特定领域有效，但还是要慎用。因为它容易吸引很多“薅羊毛”、占便宜的低价值用户，这对企业培养发展超级用户是没有助益的，甚至会造成损耗。

读到这里，你已经看完本书的所有内容，相信你对私域流量和超级用户已经有了新的认识和理解，同时也掌握了一些运营方法和技巧。

回到本书开篇的观点，私域流量的本质是经营用户关系，是做好客户关系管理，创造客户价值，同时也是在不断延长客户生命周期，创造更大的单客产值。这是任何商业时代，从粗放式运营到精细化运营的必经之路。

而建立企业超级用户体系的超级用户思维是从效率和价值的维度出发，它要求企业始终关注和优待高价值和高利润客户，并且建立一套能够把普通用户培养成超级用户的运营体系，这本质上是企业对客户利用效率的提升。

中国市场的人口红利正在逐渐消失，过往低水平竞争、低效率的客户经营方式必定会被淘汰。未来，一家企业只有充分利用互联网、大数据、5G时代的科技优势，不断提升客户经营的效率，才能立于不败之地。

我一直认为，红利就是先知先觉，先做先得。流量红利结束了，但用户经营的红利正当时，谁能够比对手早一步建立私域流量池，培养超级用户，谁就能抢先锁定客户。

这些年我培训过很多企业，咨询服务过很多企业，但遇到的真正有用户运营思维的企业却少之又少。经过2020年的新冠疫情，那些没有倒下，反而逆势增长的企业，无一不是过去在私域流量上大力投入、花费精力的企业，他们比对手拥有更强的生命力。

希望这本书能够帮助企业在用户经营上实现飞跃，发展得更坚实。

后记

2020年5月，我把书稿最后一章写完，发给了编辑，顿时整个人如释重负。这是我今年上半年最重要的目标，虽然它本该在2019年完成。

这本书的创作过程很不容易，前后差不多花了8个月。过去8个月我真正成了一名创业者，一边为公司的生存忙碌，一边抽空写书稿。而我又偏偏是那种需要有大块安静的时间才能动笔写字的人，这个习惯，对于创业中的我来说无疑是巨大的折磨。琐碎的业务让我很难抽出整块时间码字，书稿一拖再拖，心理压力越来越大。

原本想着2020年春节能好好静下来写书，结果突然暴发新冠疫情，一下子人人自危，陷入惶恐。更不幸的是，我的父母和妹妹刚好在武汉。因此，那段时间，我每天都在焦虑和不安中度过。

并且受疫情影响，公司原计划在年后的线下课也只能取消，一些预报名的企业也开始申请退款。这让一家原本就没有什么储备现金流的创业公司面临着零收入的危机，我的压力更加大了，不仅无法静下心写书，甚至出现了失眠的现象。

今天这本书能够得以出版，我首先要感谢最重要的一个人，也是我的事业合伙人——康鸣笛女士。面对焦虑不安的我，她一方面及时调整公司业务，创造营收，保持团队信心；另一方面迅速采购防疫物资做好各项安排。她尽量承担所有公司事务，甚至主动给我订酒店，让我在酒店闭关写作。

没有她的支持和帮助，我无法安心完成书稿。除了帮助我安排时间，她还充当督察员，时刻提醒我要对书的内容质量负责，对读者负责。在打造超级用户的部分，我每写完一章，她都亲自检查一遍，有问题的地方帮助我梳理思路，大大缩短了我的时间。

可以说，没有她的全力支持，恐怕这本书还难以出版，至少不会这么快得以面世。在此，我想对她说一声：谢谢你，辛苦你了。

我还要特别感谢中国友谊出版公司的编辑，以及本书的特约编辑薛露和黄英。没有各位帮助策划选题、审稿、修改，这本书也不能顺利出版。

薛露是一位优秀的策划编辑，她专业热心、真诚直爽、思维严谨，又不失可爱。在我们第一次简单的交流之后，她便迅速帮助我梳理了书的框架。她总是忍受我一次次拖稿，很感谢她的包容、理解和鼓励，让我有信心写下去。

黄英是帮助我审稿的编辑，她总是很及时地给予我书稿的反馈。她对工作极其认真，因为前期没有参选题讨论，与我没有直接沟通，导致她审稿时遇到很多疑问。但她都会把这些疑问详细记录下来，再一条条跟我核对。她只要有不懂的地方，一定会追问到底，直到自己弄明白才行，这样使得书稿中任何细小问题都能被挑出来。

我还要感谢蓝狮子，以及其他帮助本书出版的工作人员。

感谢吴晓波频道的潘芙蓉、宗楠钧，没有当初你们推进跟三寿营销频道的合作，也不会有这次出书的机缘。

感谢三寿营销频道团队的刘珊珊、小周、刘冠龙等，感谢你们在我忙于写作时，帮助我承担工作，保障公司业务顺利开展。

感谢过去给我机会去研究实践私域流量和超级用户方法论的客户及合作伙伴，包括全棉时代、贝亲、百果园、沃尔玛、返利网、克徕帝、派美特、江南布衣、顾家、钟薛高、虎赞科技、微盟、36氪、吴晓波频道、混沌大学、杭州运营联盟等。

感谢过去在专业、工作上帮助我进步和成长的朋友们，他们是廖俊龙、张薇、李强、陈云鹤、庄毅、徐志斌、崔洪波、周璐，以及“转化率特种兵”陈勇和社群商业专家“彪悍一只猫”。

感谢我的岳母，她不辞辛劳帮我照料孩子，让我和太太有时间投身工作。尤其在我出差最多的2019年，岳母担起了照顾整个家庭的重担。

感谢我的父母，你们总能把自己照顾好，不苛求我一定要回去看你们，总是为我着想。也感谢妹妹和妹夫，是你们陪在父母身边，承担了更多照顾父母的责任。

我还要感谢那些参加培训的学员，长期关注我的自媒体的粉丝朋友，你们让我看到自己的付出是有回报的，谢谢你们的陪伴。

最后，我要真诚感谢奇正沐古咨询创始人、中国十大营销策划人孔繁任和正见品牌管理公司创始人崔洪波，两位都是我在营销路上的前辈和老师。在我困惑的时候，你们给予我指点和建议。这次也非常感谢你们能在百忙之中抽空为我的新书写序，谢谢你们。

世界的变化很快，尤其是互联网，层出不穷的新工具总会带来很多新的玩法。本书中的一些方法和案例也会随变化而失效，且由于我的经验和认知有限，书中难免会出现纰漏或不足，还希望看到本书的读者、同行朋友、前辈能多多批评指正，给予建议，方便我在未来的版本中更新迭代。

如果这本书能够对您有启发、有帮助，能够指导您的实际工作，那将是我莫大的荣幸。也希望您把本书分享给身边的朋友，让更多人受益。再次感谢大家的厚爱。

图书在版编目（CIP）数据

超级用户增长：低成本实现私域用户持续复购 / 晏涛著. -- 北京：中国友谊出版公司，2020.12（2022.3 重印）
ISBN 978-7-5057-4891-0

Ⅰ. ①超… Ⅱ. ①晏… Ⅲ. ①网络营销 Ⅳ. ①F713.365.2

中国版本图书馆 CIP 数据核字（2020）第 202386 号

书名 超级用户增长：低成本实现私域用户持续复购
作者 晏　涛
出版 中国友谊出版公司
策划 杭州蓝狮子文化创意股份有限公司
发行 杭州飞阅图书有限公司
经销 新华书店
制版 杭州真凯文化艺术有限公司
印刷 杭州钱江彩色印务有限公司
规格 880×1230 毫米　32 开
8.5 印张　196 千字
版次 2020 年 12 月第 1 版
印次 2022 年 3 月第 4 次印刷
书号 ISBN 978-7-5057-4891-0
定价 58.00 元
地址 北京市朝阳区西坝河南里 17 号楼
邮编 100028
电话（010）64678009